琉璃明镜

藏文大藏经之源流特点版本暨对勘出版

布楚　尖仁色　著

༄༅། །རྒྱ་གར་སྐད་དུ། བྷ་ག་བ་ཏི་པྲ་ཛྙཱ་པཱ་ར་མི་ཏཱ་ཧྲྀ་ད་ཡ། བོད་སྐད་དུ། བཅོམ་ལྡན་འདས་མ་ཤེས་རབ་ཀྱི་ཕ་རོལ་ཏུ་ཕྱིན་པའི་སྙིང་པོ། བཅོམ་ལྡན་འདས་མ་ཤེས་རབ་ཀྱི་ཕ་རོལ་ཏུ་ཕྱིན་མ་ལ་ཕྱག་འཚལ་ལོ། །འདི་སྐད་བདག་གིས་ཐོས་པ་དུས་གཅིག་ན། བཅོམ་ལྡན་འདས་རྒྱལ་པོའི་ཁབ་བྱ་རྒོད་ཕུང་པོའི་རི་ལ་དགེ་སློང་གི་དགེ་འདུན་ཆེན་པོ་དང་བྱང་ཆུབ་སེམས་དཔའི་དགེ་འདུན་ཆེན་པོ་དང་ཐབས་གཅིག་ཏུ་བཞུགས་ཏེ། དེའི་ཚེ་བཅོམ་ལྡན་འདས་ཟབ་མོ་སྣང་བ་ཞེས་བྱ་བའི་ཆོས་ཀྱི་རྣམ་གྲངས་ཀྱི་ཏིང་ངེ་འཛིན་ལ་སྙོམས་པར་ཞུགས་སོ། །ཡང་དེའི་ཚེ་བྱང་ཆུབ་སེམས་དཔའ་སེམས་དཔའ་ཆེན་པོ་འཕགས་པ་སྤྱན་རས་གཟིགས་དབང་ཕྱུག་ཀྱང་ཤེས་རབ་ཀྱི་ཕ་རོལ་ཏུ་ཕྱིན་པ་ཟབ་མོ་སྤྱོད་པ་ཉིད་ལ་རྣམ་པར་བལྟ་ཞིང་ཕུང་པོ་ལྔ་པོ་དེ་དག་ལ་ཡང་རང་བཞིན་གྱིས་སྟོང་པར་རྣམ་པར་བལྟའོ། །དེ་ནས་སངས་རྒྱས་ཀྱི་མཐུས། ཚེ་དང་ལྡན་པ་ཤཱ་རིའི་བུས་བྱང་ཆུབ་སེམས་དཔའ་སེམས་དཔའ་ཆེན་པོ་འཕགས་པ་སྤྱན་རས་གཟིགས་དབང་ཕྱུག་ལ་འདི་སྐད་ཅེས་སྨྲས་སོ། །རིགས་ཀྱི་བུའམ་རིགས་ཀྱི་བུ་མོ་གང་ལ་ལ་ཤེས་རབ་ཀྱི་ཕ་རོལ་ཏུ་ཕྱིན་པ་ཟབ་མོ་སྤྱོད་པ་སྤྱོད་པར་འདོད་པ་དེས། ཇི་ལྟར་བསླབ་པར་བྱ། དེ་སྐད་ཅེས་སྨྲས་པ་དང་། བྱང་ཆུབ་སེམས་དཔའ་སེམས་དཔའ་ཆེན་པོ་འཕགས་པ་སྤྱན་རས་གཟིགས་དབང་ཕྱུག་གིས་ཚེ་དང་ལྡན་པ་ཤཱ་ར་དྭ་ཏིའི་བུ་ལ་འདི་སྐད་ཅེས

中国藏学出版社

སྟོན་པ་ཤཱཀྱ་ཐུབ་པ་ལ་ན་མོ།

南无本师释迦牟尼佛

རྒྱན་དྲུག་མཆོག་གཉིས།

二胜六庄严

ཆོས་རྒྱལ་མེས་དབོན་རྣམ་གསུམ།

法王祖孙三代

མཁན་སློབ་ཆོས་གསུམ།

师君三尊

ཇེ་འབངས་ཉེར་ལྔ།

王臣二十五尊

ཐོན་མི་སཾ་བྷོ་ཊ།

吞弥·桑布扎

ལོ་ཆེན་བཻ་རོ་ཙ་ན།

毗若遮那大译师

ལོ་ཆེན་རིན་ཆེན་བཟང་པོ།

仁钦桑布大译师

ཇོ་བོ་རྗེ་དཔལ་ལྡན་ཨ་ཏི་ཤ།

阿底峡尊者

ལོ་ཆེན་བུ་སྟོན་རིན་ཆེན་གྲུབ།

布顿·仁钦珠大译师

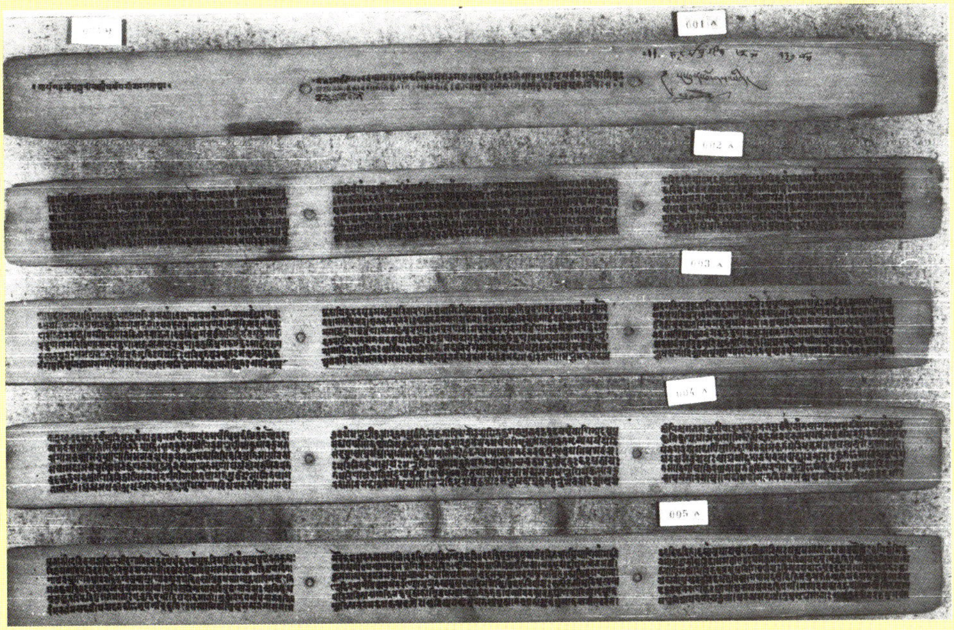

དམ་ཆོས་པདྨ་དཀར་པོའི་ལེགས་སྦྱར་ཡི་གེ

妙法莲华经梵文原典

གསེར་བྲིས་བཀའ་འགྱུར།

甘珠尔金写本

གསེར་བྲིས་བསྟན་འགྱུར།

丹珠尔金写本

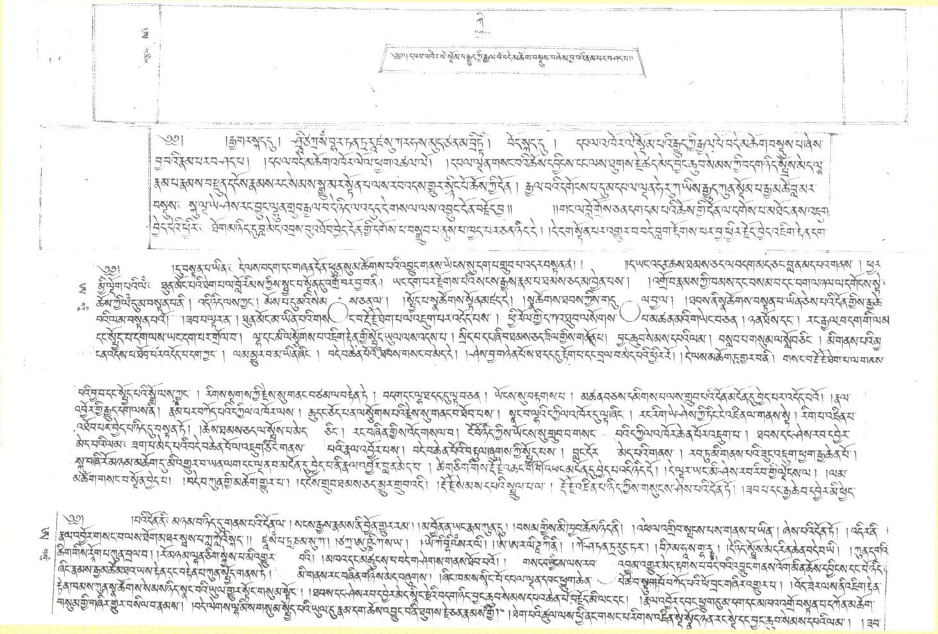

ཚལ་པ་སྨོན་ལམ་རྡོ་རྗེའི་བསྟན་འགྱུར་བྲིས་མ།

丹珠尔蔡巴木兰多吉版之手写本

གཡུང་ལོའི་བཀའ་འགྱུར།

甘珠尔永乐版

འཇང་ས་ཐམ་རྒྱལ་པོའི་བཀའ་འགྱུར།

甘珠尔丽江版

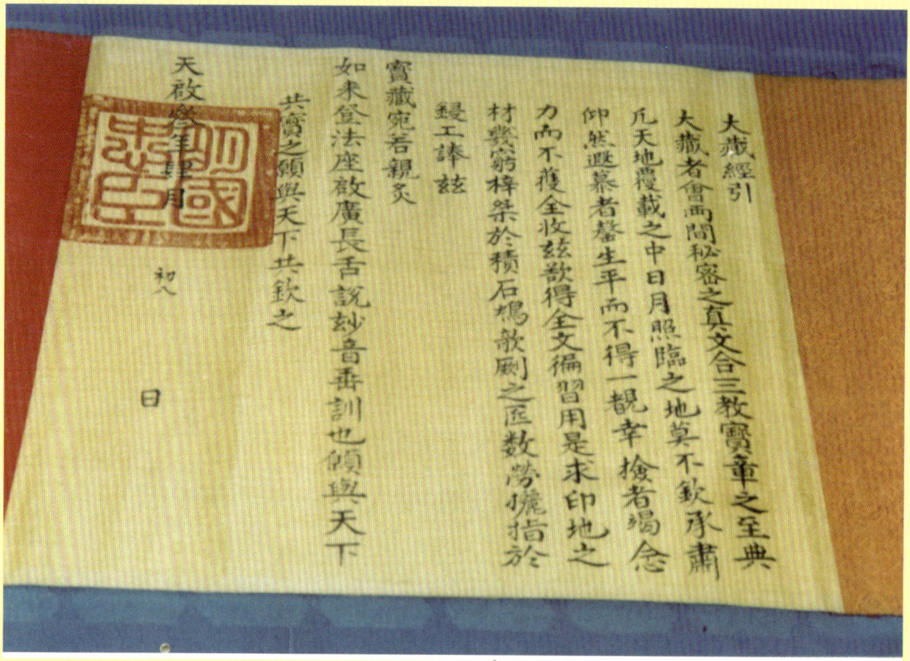

大藏經引
大藏者會兩間秘密之真文合三教寶章之全典
凡天地覆載之中日月照臨之地莫不欽承肅
仰然遐慕者罄生平而不得一覯幸撿者竭念
力而不獲全收茲欲得全文徧習用是求印地之
材鸞窮梓棨於積石鳩剞劂之匠數勞撓指於
綫工捧茲
寶藏宛若親炙
如來登法座啟廣長舌說玅音垂訓也傾與天下
共寶之願與天下共欽之
天啟癸年肆月 初八 日

འཇང་ས་ཐམ་རྒྱལ་པོའི་བཀའ་འགྱུར་གྱི་འགོ་བརྗོད།

甘珠尔丽江版引文

པེ་ཅིན་བཀའ་འགྱུར།

甘珠尔北京版

ཅོ་ནེའི་བཀའ་འགྱུར།

甘珠尔卓尼版

སྣར་ཐང་བཀའ་འགྱུར།

甘珠尔那塘版

སྡེ་དགེའི་བཀའ་འགྱུར།

甘珠尔德格版

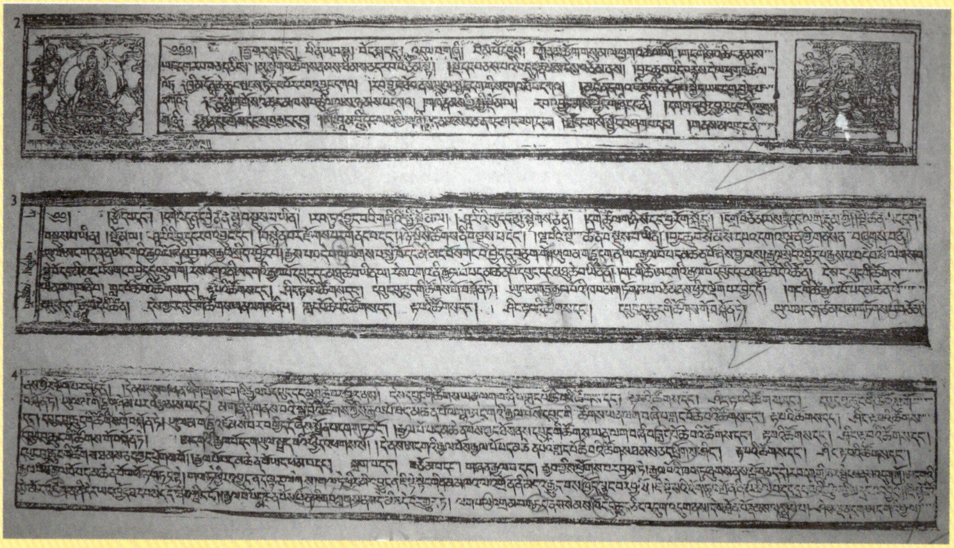

སོག་ཁུ་རེའི་བཀའ་འགྱུར།

甘珠尔库伦版

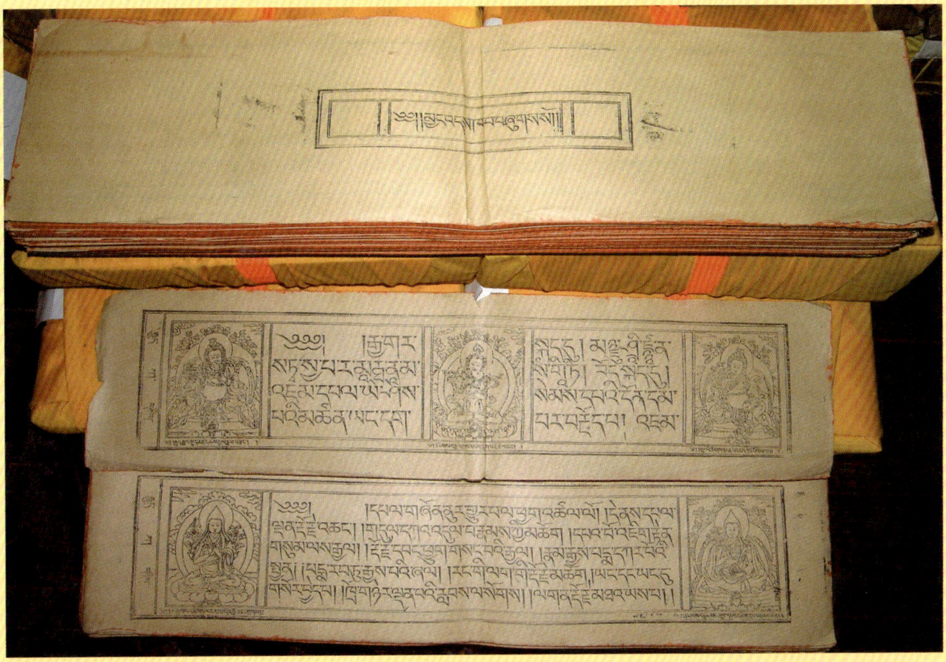

ལྷ་ས་བཀའ་འགྱུར།

甘珠尔拉萨版

པེ་ཅིན་བསྟན་འགྱུར།

丹珠尔北京版

སྣར་ཐང་བསྟན་འགྱུར།

丹珠尔那塘版

སྡེ་དགེའི་བསྟན་འགྱུར།

丹珠尔德格版

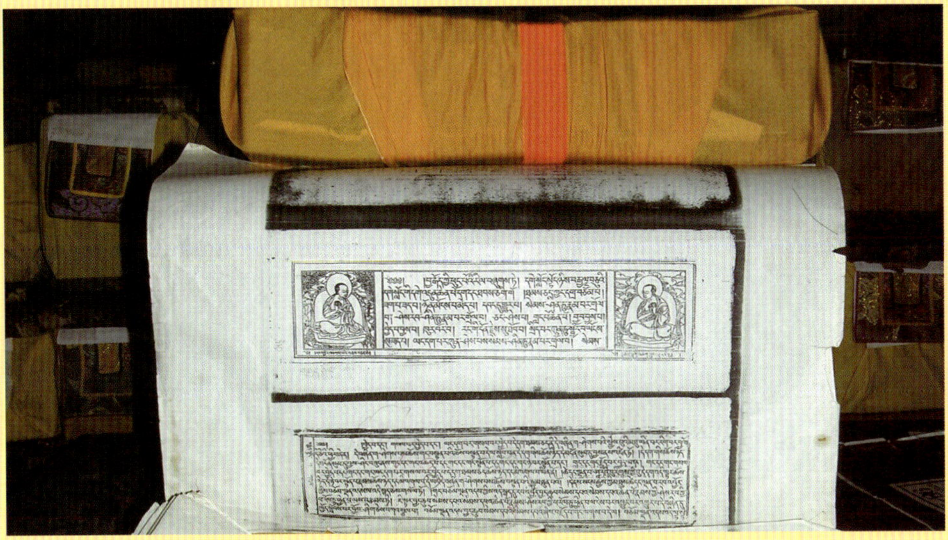

ཅོ་ནེའི་བསྟན་འགྱུར།

丹珠尔卓尼版

དཔའ་བར་འགྲོ་བའི་མདོ། (སྐད་བཞི་ཤན་སྦྱར)

四体楞严经

སྤྱང་ཐོག་རྡོ་བརྐོས་བཀའ་འགྱུར།

让塘棒托寺藏经石刻

རྫ་དཔལ་དགེ་རྡོ་འབུམ། (༡)

石渠巴格石刻藏经图一

རྫ་དཔལ་དགེ་རྡོ་འབུམ། (༢)

石渠巴格石刻藏经图二

ལྕགས་པོ་རིའི་རྡོ་བརྐོས་བཀའ་འགྱུར།

拉萨药王山石刻藏经

མི་ཉག་གསེར་རྒྱལ་སྐོའི་རྡོ་འབུམ།

木雅色嘉郭石刻藏经

《བཀའ་འགྱུར།》(དཔེ་བསྡུར་མ།)
《藏文大藏经·甘珠尔》(对勘本)

《བསྟན་འགྱུར།》（དཔེ་བསྡུར་མ།）

《藏文大藏经·丹珠尔》（对勘本）

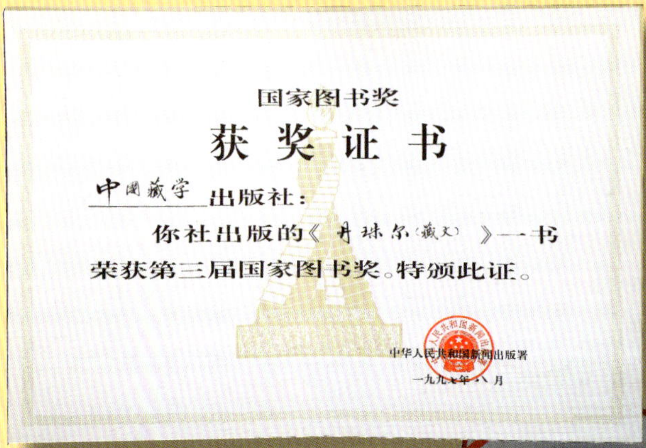

《བསྟན་འགྱུར་》（དཔེ་བསྡུར་མ།）ལ་སྐབས་གསུམ་པའི་རྒྱལ་ཁབ་ཀྱི་དཔེ་དེབ་བྱ་དགའ་ཐོབ།

《藏文大藏经·丹珠尔》荣获第三届国家图书奖

《ཀྲུང་ཧྭའི་བཀའ་བསྟན་འགྱུར་》（བོད་ཡིག）དཔེ་བསྡུར་མ་ལ་ཀྲུང་གོའི་བོད་རིག་པ་ཞིབ་འཇུག་གི་ཇོ་མོ་གླང་མའི་དམིགས་བསལ་བྱ་དགའ་ཐོབ།

《中华大藏经》（藏文）对勘本荣获中国藏学研究珠峰特别奖

目 录

前　言

土登尼玛

圆满二智日遍照，白云悲带摄众缘，
药树威力御除苦，利钩事业释迦尊。

无垢藏经如意宝，兴衰游戏幻化舞，
敬请莲眼阅此书，《琉璃明镜藏经史》。

如是以妙音吉祥颂词之钥匙开启话语之门，讲述的是贤劫千佛中发心殊胜无与伦比的本师释迦牟尼“清净了二障，圆满了二资粮，趋达二利元成”的境界，显现有戏论之报化二身，其功行事业任运妙成，恒常周遍于广博如海之诸刹土。当时，为了利益“瞻洲”的各种有缘众生，释尊以口传和开许，以及加持等具备“三善、二妙、四梵行”等诸种善妙功德，给具备因缘的众生转了初、中、后三次法轮，统称为三转法轮。根据以上佛陀所宣示的各种“佛语”经典，二圣六庄严和二稀有等论师们撰著了很多详细诠释佛语密意的论著，即《论典》。《瑜伽师地论》中说：这些论著“远离六种过患，具足三种功德”。正如《宝性论》中说：“若与佛法结善缘，能除三界一切苦；宣示平寂妙功德，佛陀圣言非俗说。”又如《注疏智论》中云：“无余断除一切烦恼敌，能从轮回苦海做救度，具备断除、救度二功德，此乃佛教论典他宗无。”又如《宝性论》中说：“何者唯依圣佛教，无散宣说微妙法，趋向解脱之胜义，应如佛语敬顶礼。”

如上所述，汇集佛陀教言之经典和诸论师们诠释佛语密意之论著为主的《藏文大藏经》，是依靠历代法王、贤臣、论师、译师们的良好心愿，历尽艰辛地从印度迎请到雪域藏地，由此缘起，藏地成为无尽利益众生的解脱圣地。这些经典论著通称为《甘珠尔》与《丹珠尔》。当今世界上不少国家的图书馆，都收藏有藏文版的《大藏经》，很多学者都热衷于藏学研究，藏传佛教也逐渐被公认为是中国，乃至世界文化宝库中至为稀有的瑰宝。鉴于此，布楚活佛与青年学者尖仁色撰写的《琉璃明镜——藏文大藏经之源流、特点、版本及对勘出版》一书中，较全面地介绍了藏文《大藏经》的内容。书中第一章是介绍佛语部的产生背景及过程。第二章是介绍显密佛语经典与其论典在印度产生的情况。第三章是介绍佛教显密经典与其论典翻译成藏文，以及藏文《大藏经》各种手抄本和刻印本产生的情况。第四章介绍藏文《大藏经》的内容、分类、编序、法部数和函数等。第五章介绍藏文《大藏经》对勘出版的概况。第六章分析藏文《大藏经》的特点。第七章是介绍关于未编入藏文《大藏经》中的《前译宁玛密续》与《前译佛语密续》等其他前译密续之经典和论典。附录是有关苯教《大藏经》简况介绍。

此书具备了许多“善妙”的特点：作者撰写此书的目的不是宣扬个人的见解，而是详尽、准确地介绍藏文《大藏经》，书中不但摄集了往昔各种有关藏文大藏经古籍目录的要义，还增补了古籍目录中未写到的一些内容，书中所诠释之内容有实际意义，能诠释之词句清晰明了，易于理解。作者文化水平较高，具有丰富的翻译经验，加之长期从事藏文《大藏经》的校勘工作，比较熟悉藏文《大藏经》，这些都为他们撰著此书提供了良好的条件。他俩撰写此书不是为了宣扬名声，贪图功利，而是怀着对佛法的无比恭敬和对藏族文化的热爱所作的贡献。该书翔实地介绍了藏文《大藏经》各种手抄本、刻印本及石刻《甘珠尔》与《丹珠尔》的产生年代、负责人、抄刻地点、所支费用、抄刻用料、函数、法部、页数等。文章内容忠实客观，没有偏颇夸张等过失，是一本具备较高学术价值和可读性强的书籍，将对读者了解藏文《大藏经》和佛学研究起到很好的作用。

能灭轮涅诸苦教证幢，以勇猛心高举不退怯，
消除痴暗杲日般佛典，断除贪著实有方实修。

2009 年 6 月吉日

书首供赞与绪论

供赞佛宝

祈愿吉祥！
尊者毫毛具五受用功德殊，
无畏谛语梵音犹如千雷鸣，
界觉圆融遍智宛如日月照，
善说缘起离边圆觉尊前礼！

供赞法宝

能诠妙语离垢三藏受用海，
所诠三学至宝清寂引金沙，
诠义息灭诸苦道谛甘露精，
诠法三时善业妙法护众生！

供赞僧宝

依于佛语日光开启智解莲，
妙叶盛绽成办二利游舞行，
远离过患惠施解脱甘露源，
菩萨圣僧会众赐降瑞花雨！

供赞文殊、妙音天女

离二障云本智法身虚空中，
本元命风微细光明和合相，
诸佛三密化现文殊妙音尊，
祈愿消除众生痴暗启智慧！

供赞本尊海会

无变大乐智慧赫噜伽，
超越思维空性般若母，
和合双运游戏大手印，
顶礼智幻本尊海会众！

供赞龙树、无著二论师

无垢智慧光芒胜妙手，
开启空有二规之花蕾，
广施妙法要义之蜜精，
龙树无著日月顶上严！

供赞历代持教大德

居于清净三学法海中，
六度四摄功德极庄严，
悲智威光普照瞻部洲，
敬礼持教传承诸上师！

供赞法王与论师及译师

无上发心宛如彩虹桥，
迎请圣地圆满佛教法，
传入雪域藏地惠群生，
忆念法王论师译师恩。

供赞雪域历代智者

广博闻思显密教法修证如同旭日耀，
无垢教理征服论敌无缘寂静界中灭，
圣教雷音摧破邪见唤醒痴睡诸具缘，
护持如来圣教诸贤堪为信奉最上境。

特别供赞恩师土登尼玛

浊世圣教如同日月遭受罗睺蚀，
尊以大勇续佛慧命日月俱增辉，
整理佛语及诸论著如同繁星灿，
百部遍主恩师直至菩提我皈依。

供赞佛教

正见顶梢通达缘起虚空中，
教证枝叶茂盛讲修硕果累，
利他根茎盈满慈悲甘露润，
圣教如意宝树妙哉诚稀有！

供赞妙法

深寂离戏光明无为法，
唯一离言一切言之本，
彻底消除二障痴暗根，
妙法杲日何者不恭敬！

供赞金刚密乘

无二无别本智金刚界，
孕育有寂根本真实性，
无相即相广博玄义音，
至诚顶礼周遍语金刚。

供赞初转四谛法轮

佛陀慈悲无尽雪峰藏，
汇聚四谛教义甘露海，
寂静清凉利乐解脱道，
赞颂初转微妙圣法轮。

赞颂律藏

轮回本性如堕火坑苦，
贪欲好似受用刀刃蜜，
厌离世俗离边殊胜道，
律经珍宝藏前敬顶礼。

赞颂中转无相法轮

所现诸法本体自性空，
空性境界虽非凡心悟，
然依无灭缘起幻化相，
赞颂无相中转妙法轮。

赞颂般若佛母深密义

生灭断常戏论本清净，
无有来去如同虚空体，
缘起实相超离思言诠，
顶礼诸佛之源般若母。

赞颂末转广分别法轮

宣示无变本净广恒界，
众生皆具本性如来藏，
圆成实性寂静无为法，
赞颂末转广分别法轮。

赞颂胜义空性

遍计诸法本来自性空，
依他起性然示无生相，
不变圆成离障本元体，
胜义真谛妙界前顶礼。

赞颂密续典籍

生死中阴三有凡夫识，
转为觉智三身善巧法，
具备六边四规庄严饰，
大密续部微妙难思义！

再次赞颂正法

利乐金沙广施众有情，
消除烦恼煎熬胜妙药，
八万四千法门百川聚，
清净妙法海前屡赞叹。

赞颂大藏经版本

消除痴暗善逝语密光，
佛语论典犹如明月朗，
缮写雕版印刷广流布，
藏经版本堪称至圣宝。

宣说此书内容可信

殊胜内容堪为至珍宝，
三种伺察净光普照耀，
以此清晰琉璃明镜中，
示现稀有善说真实相。

劝请有意了解大藏经者阅读此书

诸位博闻勤奋士，
若欲了解大藏经，
请伸诚恳无瑕手，
接受珍贵此礼品！

以赞颂作为殊胜圆满之缘起，以下主要讲述的内容是：在贤劫千佛之中如同洁白莲花之本师释迦牟尼佛发心广大，三世诸佛难以伦比，特别悲愍娑婆世界诸众生，以发五百大愿等，初发无上菩提心，中行难行圆熟净等实修广大多种菩萨行，后获得殊胜四身果位等一切无漏功德、现证最上五智善妙果德。为对劣根诸化机宣示离欲之行仪，在波罗奈斯鹿野苑初转四谛法轮。为对意乐行持大行诸化机宣示道地般若波罗蜜多之行仪，在灵鹫山中转无相法轮。为对深入诸乘门之众化机，在广严城等处末转以阐扬三法性为主之广分别法轮。为对意乐深密诸化机宣示不离贪欲密咒之行仪，在吉祥米聚塔处与乌仗衍那及须弥山顶等无定处转甚深密咒法轮等。根据诸具缘众生之不同根器广转三乘显密种种法轮，把殊胜无畏法音宣扬十方，使诸外道畏惧退缩，击败一切邪魔，奏响胜利法鼓，广开善趣和解脱之门，使人天等诸世界充满妙善祥光。如同灵丹妙药般彻底消除一切众生之烦恼疾病、如同如意宝树施赐无尽利乐之具足教证功德之圣教，由弥勒与文殊等登地诸大菩萨、十六尊者等诸大声闻、迦叶与阿难等七代付法藏师、龙树与无著为主之二胜六庄严、诸论师与八十大成就者，护持佛法之历代王臣等愿力成熟、功德圆满、事业兴盛之诸大德继承护持弘扬等诸种增上缘故，使印度圣地成为与色究竟天无有区别之吉祥境域。如是圣教传入北方雪域藏地分为前弘与后弘两个发展时期。公元7世纪初第三十三代藏王松赞干布在位时，佛法在藏地开始兴盛以来，以法王祖孙三代为主之前弘时期，历代藏王以无上的发心从印度与尼泊尔及迦湿弥罗、汉地等地先后迎请寂护大堪布与莲花生大士及毗玛拉弥扎等学问通达、修证有成的佛教论师二十余位，并给藏地之所有修行者提供了修习佛教的有利条件和机会等，为佛法兴盛给予了大力支持。由于历代法王特别重视佛经翻译，直至9世纪中叶朗达玛灭佛共两百余年之间，先后涌现出吞弥·桑布扎与噶、觉、祥三大译师及毗若遮那等五十多位藏族译师。在此期间诸论师与译师们通力合作，将大量佛语经典及论典从梵文、汉文及邬仗衍那文等文字译成藏文，同时还编写了佛语及其论典之三大目录，形成了最初的藏文大藏经之雏形。

后弘时期即从10世纪末大译师仁钦桑布至15世纪中叶夏鲁·曲迥桑布之间共四百七十多年中，在藏地涌现出一百六十五位大译师，从印度与孟加拉及邬仗衍那、尼泊尔等地先后迎请或自行来到藏地的有阿底峡与真扎·热呼拉及噶雅达然、弥扎卓格等七十多位论师。他们与藏族诸译师一起翻译大量佛经和宣讲弘扬佛教之增上缘故，在雪域藏地就有了极多至为珍贵的佛语经典及论典。其后将散藏在各地的这些经典及论典收集在一起整理编辑，就产生了手抄与雕刻的《甘珠尔》和《丹珠尔》诸典籍，此乃众生共享之极为殊胜之资粮福田。

佛教大藏经主要有藏文和汉文以及巴利文等三个语种。从公元前数百年起的小乘期逐渐产生的所有佛教典籍汇集成《巴利文三藏》，即《南传大藏经》，其中主要包括释尊初转四谛法轮给声闻徒众所说教法及佛弟子的论著，称为《小乘大藏经》。

公元前二年，佛教传入汉地以来，经历代译师和论师们的努力，将很多佛教经、论翻译成汉文，后来逐渐汇集形成《汉文大藏经》。其中包括从梵文译成汉文的大乘的经论和密乘下三部的部分密续、小乘部分经论、汉地与日本及高丽等地的高僧们的很多论著以及传记等，称为《汉文大藏经》。

公元7世纪佛教传入藏地后，历代吐蕃王都很重视佛经藏译事业，曾先后派百余名藏族青年前往印度等地学习梵文和佛经，在前译和后译时期的近千年漫长岁月中，经二百三十多位著名藏族译师与印度、尼泊尔、迦湿弥罗、和阗、汉地等地的一百二十余名论师们的共同努力，将释迦牟尼佛所讲的显密佛语经典和龙树、无著等二胜六庄严为主的论师们所著的解释佛语经典的佛学论著，以及声明学、因明学、医明学、工巧明学、诗学、辞藻学、韵律学、戏剧学和星象学等大小五明学科的论著，从梵文与汉文为主等文种翻译成藏文后，将诸佛语经典汇编在一起称为《甘珠尔》（意为佛语的藏译部分），将诸论著汇编在一起称为《丹珠尔》（意为解释佛语之论著的藏译部分）。藏文大藏经由《甘珠尔》和《丹珠尔》两大部分组成，共收录有四千八百三十九部（根据大藏经对勘本统计）经典和论著。

藏文大藏经形成的过程中，最初只有用墨或金、银等珍宝的手抄本传世，从15世纪初起就陆续有木刻版和石刻大藏经问世。千百年来形成的《甘珠尔》和《丹珠尔》手抄本是相当多的，例如有《甘珠尔》那塘手抄本和《甘珠尔》蔡巴手抄本及《丹珠尔》江孜腾邦手抄本，《甘珠尔》普扎手抄本、《甘珠尔》蔡巴木兰多吉手抄本，《丹珠尔》夏鲁手抄本、《丹珠尔》第司手抄本、《丹珠尔》颇罗鼐金汁手抄本等无可计数。木刻的《甘珠尔》版本有永乐版与万历版、丽江版、康熙版、卓尼版、那塘版、德格版、然甲版、库伦版、拉萨版、瓦然版、昌都瑶苍版等十二种，《丹珠尔》版本有乾隆版与那塘版、德格版、卓尼版等四种。石刻的《甘珠尔》和《丹珠尔》刻本有邦妥石刻《甘珠尔》和石渠巴格石刻《甘珠尔》、《丹珠尔》及泽库石刻《甘珠尔》、《丹珠尔》等十多种。这些手抄本和木刻版及石刻之《甘珠尔》和《丹珠尔》，是千百年来百余名印度和汉地、尼泊尔等地的论师和译师、近两百名藏地的译师和论师，以及参与写经和刻经的数以万计的藏族工匠们辛勤劳动的智慧结晶，是藏族文化之灵魂及祖国文化宝库中一颗熠灿的明珠，也是人类文明林苑中极为珍贵之奇葩。

下面以七个篇章来简要介绍藏文大藏经：一、佛语部的产生；二、显密佛语经典及其论典；三、佛教显密经典和论典之藏文翻译及藏文大藏经各种版本；四、《藏文大藏经》之简要内容与分类、编序等；五、《藏文大藏经》对勘、出版概况；六、藏文大藏经的特点；七、未编入《藏文大藏经》之前译密续经典与论典。

救度陷于难忍苦海之，
等齐虚空如母诸众生，
无缘大悲慈祥善知识，

唯乃能仁佛陀释迦尊。

彻底断除二障诸过患，
增盛顿悟二谛圣本智，
自他二利事业任运成，
获证双运二身胜怙主！

为使众生醒于痴眠暗，
升登解脱珍宝圣台阶，
从尊喉轮下降甘露液，
八万四千法门梵音响。

初转四谛法轮玄妙音，
五位具缘获享甘露法，
证教功德遍满瞻部洲，
普天共庆皆沐法喜霖。

中转无有性相妙法轮，
尊以了义甚深空性音，
诠释般若佛母圣玄义，
依此涌现无数四圣众。

末转广分三法性体轮，
以此殊胜妙语锐光明，
充盈依于唯识智慧莲，

稀有深义蜜精甚妙哉！

妙法源流汇入雪域地，
具缘众生所获诸经论，
刊印流布培福事业宏，
传承千秋万代诚可贵！

（以上为此段内容结尾之偈颂）

第一章　佛语部的产生

一、佛语之来源

正如《具光释》云："广宣三学义，圆具三法印，初中后皆善，佛语智者悟。"又据《宝性论》云："何者具义缘正法，能除三界烦恼根，宣示寂静诸功德，此乃圣言非俗说。"如上所云，所诠内容缘具佛法之要义，所起作用成为断除三界诸烦恼之方便，所获果报具备涅槃寂静语密之殊胜功德。其增上缘主要依于圆满佛陀而产生，此为善说佛语之性相。把圆满佛陀所宣讲的教法称为善说佛语，是有道理的。据《注疏智论》中云：为何称为善说，所谓善说具有十大特点：（1）圆具真理；（2）依根摄受；（3）恒行利他；（4）无有遗漏；（5）随愿教化；（6）所依正确；（7）显明易懂；（8）善巧离边；（9）随应时机；（10）具诸功德等。此十大特点的详义依次为：（1）圆满具备断证功德之佛陀为利益众生而宣讲；（2）根据众生各自之根器而宣讲；（3）不是偶尔而是恒常宣讲；（4）所讲教法毫无遗漏、紊乱，使听闻者易于体悟；（5）随顺众生的各种意愿而宣讲；（6）以具备五支妙音而宣讲；（7）以一妙音令无数世间的众生都能听闻妙法或令所有坛城和眷属都能听闻妙法而宣讲；（8）以不堕二边而宣讲；（9）为给彻底成熟之诸化机而宣讲；（10）以具备六十支妙音之功德而宣讲等十种方式而作善妙宣讲。从所诠而言，佛语又分了义与不了义及经律论三藏等。如《三摩地王经》中云："善逝所示空性诸经典，为示了义理趣而宣讲，凡示众生有法诸经典，皆为不了义理而宣讲。"经典中有主要宣示世俗谛之不了义经和胜义谛之了义经两种。

第一种不了义经指的是不能如是按词句去理解和作承许之诸经典，例如《消除阿阇世王悔恨经》等。第二种了义经指的是可如是按词句去理解和作承许之诸经典，例如《圣普贤行愿品》等。三藏中主要宣讲增上定学的为经藏诸经典；主要宣讲增上戒学的为律藏诸经典；主要宣讲增上慧学的为论藏（对法藏）诸经典。事相之次第例如《般若十万颂》和《律经》及《对法七论》等。

从能诠而言，佛语可分为十二部经，如《般若八千颂释·最胜心要》中云："契经、应颂与记别，讽颂、自说与因缘，譬喻、本事与本生，方广、希法、决择等，此即佛经十二部。"十二部经的含义分别是：（1）为随顺各种化机的根器，依偈句或散文具备摄略要义，方便宣讲，使听闻者易于理解等诸多特点之佛语经典称为契经部。（2）或于中间，或于最后使用偈颂宣讲的佛语经典称为应颂部。（3）宣讲过去曾受生何处，未来将投生于何处等事的佛语经典，称为记别部。（4）全用偈颂方式宣讲的佛语经典称为讽颂部。（5）未经他人敦请，为佛法长久住世以欢喜心自愿宣讲的佛语经典，称为自说部。（6）为某某人或某种需要特地宣讲的佛语经典称为因缘部。（7）

为使听闻者便于理解，以往昔的典故作为譬喻而详细宣讲佛经内容的佛语经典，称为譬喻部。（8）宣讲往昔佛经故事的佛语经典称为本事部。（9）宣讲诸菩萨行仪的佛语经典称为本生部。（10）单一宣讲大乘甚深广博教理的佛语经典称为方广部。（11）宣讲声闻与菩萨圣众之最极希有之智慧与神通及加持等殊胜功德的佛语经典称为希法部。（12）如是决择诸法性相明确宣讲诸经之义的佛语经典称为决择部。

就三转法轮以诸化机的利钝根器而言，（1）初转四谛法轮，是根据诸钝根化机而宣讲的，如宣讲苦集灭道四圣谛的教理。（2）中转无相法轮，是根据宜直接宣示空性要义的利根菩萨圣众而宣讲的，即中转无相法轮，如宣讲《般若八千颂》等。（3）末转广分别法轮，是根据不宜直接宣示空性要义的利根菩萨圣众而宣讲的，即末转法轮，在此广为详细地分别阐述了依他起性、圆成实性、实有、遍计所执性、无自性等之区别，如《解深密经》等。

关于佛语虽有三时诸善逝所宣讲之各种教言，在此所宣示的佛语主要指本师释迦牟尼佛所说之教言。

总的来说凡是佛语皆是清净能诠，但不一定全是释尊亲口所讲。佛语中有释尊亲口所讲之佛语和加持之佛语及开许之佛语等三种：

1. 由佛亲口宣讲而产生的显密大小乘佛经。显宗方面有经藏如《四阿含经》、《般若经》、《大方广佛华严经》和《宝积经》等；律藏如《律分别》、《律本事》、《律杂事》、《律上分》四部律仪等；论藏如《对法七藏》等；密续经典如《时轮根本续》等。

2. 由佛加持力所产生的佛经。又分身密加持与语密加持及意密加持三种，首先身密加持，由佛身密加持所说佛经，如佛以手置于金刚藏菩萨的头顶，由佛身密加持，使其产生勇力，讲说《十地经》

等。其次由佛语密加持所说佛经，如为消除阿阇世王杀父之罪业，佛以语密加持文殊菩萨令其宣说《阿阇世王忏悔经》等。其后由佛意密加持所说佛经，佛意密加持所说佛经又分意密三摩地加持之佛语和意密悲愍加持之佛语，以及意密真谛力加持之佛语等三种：依事相之次第分别是如佛入甚深三摩地加持观世音菩萨和舍利弗尊者以问答方式所说的《般若心经》；佛陀加持夜叉等所诵咒文；佛陀加持从光明或虚空中发出法音（佛语之音）等。

3. 由佛开许佛弟子所说的佛经。具备缘起与介绍内容及配合、随喜等，如《摄集清净正法经》所云，即以“诸比丘，如是我闻”为缘起而结集佛法，并宣示缘起与次第，故为开许。事相即如《大悲白莲经》经中所云：“阿难，对于诸比丘之如是提问，汝应作如是回答，‘从如是我闻，薄伽梵世尊最初现证圆满正等觉已，于摩揭陀安住于菩提心圣位之境界’等至‘以何义、何句、何字宣讲何种品类’，汝应广示缘起、因、缘由、妙义、佳良字句，经藏之末尾应写‘薄伽梵如是赐教敕毕，众弟子皆大欢喜，赞叹薄伽梵所云’，阿难，如是应正确结集此法要。”经中亦云：“如未能忆念地点，可讲六城市之一也”，等即佛开许所说之经典。

所谓妙法者，如云：“能除众苦与诸障，是为微妙正法也。”若能如法所缘即能成为消除一切众生诸障之方便善妙功德。正如《中观四百论》所云：“佛法总纲不伤生，乃是一切如来云，法性即是离诸苦，此二唯是妙法义。”分别诠释妙法之音义，妙者圆满正等觉之佛陀也，由其所宣讲之法，故名妙法；又妙者乃极为殊胜也，即法之义故谓妙法也；另又此乃圣妙士夫们所行之法，故名妙法。其可分为果法与修法及讲法等三类。又如《俱舍论》所云：“佛陀教法共两类，乃是教敕与修证。”佛法也可分为所诠之证法与能诠之教法两类：前者是以灭谛与道谛所摄之诸无漏法；后者是正确无误之佛语经典及其论典。

二、佛转法轮产生显密经典

所谓法轮者，即以佛陀所宣讲之教敕或证法所摄妙法，具备能消除诸化机相续之贪嗔痴等不顺分之威力。此教证之妙法为何称之为法轮，如同轮之辐条一一相续，教证二法依次迁移于化机之相续，能胜于贪嗔痴等不顺分，故如同轮辐，喻如轮王之宝轮依次迁移于它处而胜于一切不顺分。因此佛陀宣讲教法称之为转法轮。关于佛转法轮宣说显密经典，小乘、大乘显教、密乘各有不同说法。依小乘说佛只转了四谛法轮，宣讲的经典有《四阿含经》和《律经》等仅属于小乘经典。依大乘显教说佛三转法轮，最初于波罗奈斯为阿若憍陈如与摩南拘利等五比丘转四谛法轮，宣讲苦集灭道四圣谛，此为第一时教初转四谛法轮；次于灵鹫山为须菩提、弥勒等徒众，宣讲空性见为主的广、中、略般若经，此为第二时教中转无相法轮；后于广严城等处为大乘种姓徒众宣讲以三法性教义阐述诸法之《入楞伽经》和《解深密经》、《大方广佛华严经》等，此为第三时教末转广分别法轮。依密乘说，除三转性相乘之法轮外，佛还转了密乘事部、行部、瑜伽部及无上瑜伽部等四续部法轮。关于佛转密乘法轮，除《时轮续》等少数密续是释尊亲口宣讲外，其余多为释尊随顺各类化机示现报身和殊胜化身相所宣讲。释尊的殊胜化身在色究竟天刹土和三十三天和人间等处宣讲了事续部法类，例如《妙臂请问续》和《禅定后分续》等；其次释尊示现毗卢遮那佛的身相，主要在大色究竟天和三十三天等处宣讲行续部法类，例如有《毗卢遮那现证续》和《金刚手灌顶续》等；释尊在色究竟天，证得圆满报身示现微小报身相[①]，或示现化身相驾临须弥山顶，化现如来大坛城，宣讲瑜伽续部法类，例如有《摄一切如来真实之本续》、《佛说如来应供圆满正觉彻底清净一切恶趣——威严王品续》等；另外亦在不定地、他化自在天等刹土宣讲此部教法。释尊在世时曾应乌仗衍那国王因扎菩提之请，化现密集金刚坛城宣讲了无上瑜伽部父续类之《密集续》，并为国王及其眷属传授灌顶。释尊圆寂前一年在吉祥米聚塔为月贤王等宣讲了无上瑜伽部之无二续类《时轮本续》。如同上述释尊以化身相在南赡部洲宣讲无上瑜伽续部密续外，还示现金刚大持、金刚手、喜金刚、报身相等在色究竟天、兜率天、须弥山顶、极乐刹土、正法之源大解脱宫等超越一切戏论、不变法界之胜义境界等处，宣讲《金刚心要庄严续》与《毗卢遮那幻化网续》、《喜金刚根本续二品》、《胜乐金刚根本续》、《本智明点续》、《吉祥月密明点续》、《讲说文殊真实名号续》等无上瑜伽部诸密续。

诸部中最胜无上乘大圆满法类是本觉怙主法身普贤王如来示现圆满报身相，为住清净地菩萨，无作任运、远离方所、于一切时中任运宣说的深密教法，其数量等齐虚空，不可计度，例如有《普作王续》、《博大上明续》、《独子续》等大圆满法的密续。

三、显密佛语的结集

关于三藏四密续佛语的结集，有共同结集和不共结集两种说法。

---

① 指未示现妙相与随好等报身装饰之殊胜化身。

根据小乘传规和传统历史说法，佛经的结集分为三次结集，皆是显教结集，并未提到密教结集的情况。在司都·曲杰迥勒所著《甘珠尔德格版目录》中，将小乘的三次结集归为共同结集，将大乘显教和密乘的结集归为不共结集，这样划分比较全面。

（一）共同结集

共同结集曾有三次。第一次结集是在释迦牟尼佛圆寂的第二年，阿阇世王作施主，在摩揭陀国王舍城七叶行窟，会集迦叶等五百罗汉，由阿难诵出经藏、优婆离诵出律藏、大迦叶诵出论藏，将佛语结集写成经典，此为第一次结集。

第二次结集是在释迦牟尼佛入灭约百一十年后，阿育王作施主，在毗舍离城婆利迦精舍，会集耶舍等七百阿罗汉众，结集佛语。结集的原因是当时毗舍离比丘作十不净事，产生争议，于是重新结集佛经，此为第二次结集。

第三次结集，是释迦牟尼佛入灭百六十年后，于迦湿弥罗国花积精舍、以腻契波王为施主，集罗汉五百人和三藏法师五千人，判小乘十八部，用文字记载毗奈耶藏和此前未曾用文字记载的经、论两藏，称第三次结集，此次结集的时间、地点和结集的内容尚有各种不同说法。

据说还有第四次结集，此次结集是在公元一世纪贵霜王朝的迦腻色迦王时代，以胁尊者为首的五百人在迦湿弥罗进行的，对经、律、论三藏都作了注释。

但这只是北传佛教的说法，南传佛教则把 19 世纪在斯里兰卡举行五百人结集，作为第四次结集。这次结集首次把巴利语三藏辑录成册。又据1789年泰国伐那泰亲王所著《结集史》记载，南传上座部共举行九次结集，前三次在印度，中间四次在斯里兰卡，最后两次在泰国。但经考证，前五次结集与斯里兰卡《大史》的说法不同。至于第六次至第九次结集并未得到泰国以外其他南传佛教国家的承认。

（二）不共结集

不共结集分为两种，即因乘三藏和果乘四续的结集。

首先因乘三藏的结集情况，据德格版《甘珠尔目录》中说："印度的诸善知识在王舍城南，会集百万数菩萨众，由金刚手结集经藏，弥勒结集律藏、文殊结集论藏。"

总的来说，大乘经教皆为佛说，其结集者为诸大菩萨。如《理性炽燃论》中说："大乘经教皆由佛亲口宣讲，结集者为普贤、文殊、秘密主金刚手及弥勒等菩萨。故不共结集者并非是声闻众，因为他们不是接受大乘经教的根器。"特别是授记云金刚手菩萨（秘密主）是贤劫千佛所宣讲诸了义经典的结集者。

其次果乘四续部——事续、行续、瑜伽续、无上密续的结集者，主要为金刚手、普贤等十地诸菩萨。

事续的结集是在三十三天之边际须弥山北柳叶宫，金刚手坐于五百僧衣之上，由普贤、金刚法等十地菩萨围绕，应佛弟子众的祈请，由金刚手诵"如是我闻……"之方式结集事部诸密续，如《出自一切圣者如来之顶髻大白伞盖他不能胜回遮违缘明咒王》与《圣者大孔雀明王续》等。

行续的结集亦是由金刚手与普贤等作结集，据徐让噶瓦尔玛所作《毗卢遮那现证续注释》中说："因结集者普贤菩萨和金刚手菩萨等是主要体悟释尊之密意者也。"其中金刚手菩萨是主要结集者，据《金刚手灌顶续》中云："善男子！一切如来于大转轮坛城之金刚坛城中，于执金刚杵赐灌顶时，给汝赐灌顶，将百千万俱胝三摩地所成之金刚杵赐与汝，还用大转轮王之金刚杵给汝作加持，将一切金刚心要宣示与汝，一切如来开许汝作一切佛教事业和守护佛教。汝之往昔所发大愿已得圆满。"按如上所说行续经典的结集系由释尊给金刚手赐灌顶和交付教法的形式后由金刚手菩萨为主之几位菩萨作结集，如《薄伽梵蓝衣金刚地下续》与《忿怒尊不动明王品威力无边征服凶顽密续王》等。

瑜伽续的结集，于柳叶宫，应普贤等诸大菩萨之祈请，由十地自在金刚持示现之金刚手菩萨相作结集。据阿阇黎根噶宁波所著《瑜伽续释》中云："作结集者是住于柳叶宫之十地自在金刚手菩萨，并以'如是我闻'诵出瑜伽续诸密续而作结集。住在柳叶宫之金刚手菩萨示现十地自在相，给普贤等诸大菩萨摩诃萨等诵曰：'如是吾于柳叶王宫作真实结集时，……'，而作结集。"如《摄略一切如来真实性之根本续》与《吉祥金刚心要庄严密续王》等。

无上密续主要由金刚手结集。无上密续中之有关父续的结集，例如《密集金刚续》曰："金刚法获得父续之传承。"而月称等认为金刚法即是金刚手接受灌顶和密续时之异名，其结集者也就是金刚手。有关母续的结集，据因扎菩提所著《胜乐续疏》中引用《瑜伽母心要续》所说："后期依次授记结集者，须弥山之东北圣天界，柳叶宫之殊胜刹土中，会集九十六俱胝菩萨，应诸菩萨圣众之祷请，金刚手曰如是我闻等，以此形式结集诸密续，用琉璃汁写在金箔上。"母续中之部分密续，系由金刚亥母等瑜伽母圣众在金刚地等地处以问答的方式而结集的。有关无二续的结集，无二续主要是由金刚手和其化身月贤等诸大菩萨所结集，比如《时轮根本续》系由金刚手之化身——月贤所结集。

有些密续是由请法者所结集，如《妙臂请问经》的结集者为请法者妙臂，《四天女请问经》的结集者为四天女等。

总之，密续佛语之主要结集者是金刚手菩萨，金刚手又称为秘密主，乃释迦牟尼的意金刚之化身。

以上由共同结集和不共结集陆续产生了大小乘和密乘的所有佛语经教。

凡对愚痴无明诸阴暗，
依于本智光明彻消除，
如同杲日薄伽梵如来，
诚为三界唯一胜导师。

尊以圆满二资胜行持，
善妙功德超越有寂顶，
引度众生趋向解脱道，
三界诸神冠冕作顶礼。

能使有情无明昏睡醒，
具六十支妙音最胜王，
惟乃出自能仁尊语密，
具四威力善说妙谛音。

具备教证讲修心要果，
能诠十二部经支分类，
圆满教敕如同旭日升，
普照三界遍满瑞光明。

教敕法轮语密甘霖液，
培育证悟法轮灭道谛，
具诸断证功德圣妙力，
定能无碍升登遍智地。

烦恼缠缚近取凡心识，
但以智慧锐利摩尼剑，
斩断迷网获证圣寂静，
无余涅槃此乃果法也。

四谛殊胜特点具十六，
实修功德微妙离言诠，
断灭所生烦恼诸圣道，
解脱果界乃是修法也。

为使迷失轮回众有情，
获得安抚升登极乐道，
善妙窍诀如降甘露雨，
依此如是修持乃讲法。

乘登伟大行持圣船筏，
历经无量方广劫波海，
无上甚深正法如意宝，
浊世众生获享缘极殊！

广弘八万四千妙法门，
如同开启光明虚空藏，
解脱瑞光周遍三世间，
如来圣教功德难思议。

（以上为此段内容结尾之偈颂。）

第二章　显密佛语经典及其论典

一、大小乘和密乘佛语经典的产生

（一）小乘佛语经典

在此所云“乘”者，梵文音译为“衍纳”，亦有负荷与乘坐及道路等含义，故为行走之义。道谛及其所属皆有其义，学道士夫之道谛由依于“乘”而行进，故为乘；无学道之道谛，由依于“乘”而已抵达，故亦为乘。称谓小乘者，因此乘门未能彻底消除二障，故力量微弱，未圆满具备大乘之大缘想、大修持、大智慧、大精进、大方便善巧、大成就、大功行等七大功德；堕入有寂之中；证悟的层次较低；没有能指引出离轮回不住涅槃之内外经师；未圆满具足清除所知障的对治力；要完全依靠窍诀才能趋入菩提者；不具备大心识和大断除及大证悟等三大行持；只断除烦恼而未断除所知障；只具备预流果等阿罗汉的证悟层次；只注重自利；十分愚痴不作利他善行等。正如《现观庄严论》所云:“因堕有寂之二边,证悟境界较低劣,没有究竟善知识,对治道力未圆满,不具大心大断证,未能彻断二障故,只具小乘诸果德,只重自利不利他。”由于上述诸原因故名为小乘。一般认为释尊所宣讲的大小乘和密乘的教法,是在释尊圆寂后由声闻徒众和菩萨圣众记诵结集后才形成佛语经典,但这也并非是绝对的。据《印度佛教史》记载:“释尊在世时就已有少量佛语经典传世。”佛教的根本是戒律,本师释迦牟尼是从家出家示现比丘相,来宏扬佛法和度化众生的,释尊最初主要宣讲的是《四部毗奈耶》等,故可以说,最早传世的小乘经典是《四部毗奈耶》,释尊灭度后经声闻徒众三次结集就逐渐产生了《四部毗奈耶》与《为众生主母请问经》、《宣讲如法与不如法之比丘》、《讲说败坏戒律之异熟果报》、《讲说消除戒律畏惧经》、《居士五学处经》等大量的小乘佛语经典。

(二)大乘佛语经典

何谓大乘者,即断除唯我一人从轮回苦海中出离和获得安乐之自私欲愿,转而勇于承担为使尽虚空之一切众生皆能升登佛陀果位之重任者,称之为大乘。故佛教中又有声闻、独觉、菩萨等上中下三乘之区分与大乘与小乘(声闻与独觉)之两种区分。大乘中又分上、下两乘,上者为密乘即金刚果乘,下者为显宗即性相因乘。此大乘者即为菩萨乘与小乘声闻独觉相比,大乘具备七大殊胜之特点,故为大乘。如《经庄严经》中云:“大缘想与大修持,大智慧与大精进,以及大善巧方便,大成就与大功行,因具上述诸功德,故称大乘七殊胜。”因具备经藏等博大无量法门故称为大缘想;成办自他二利之事业故称为大修持；证悟此乘门之时了悟人法无我之玄义故为大智慧；于三大阿僧祇劫以恒常加行与恭敬加行之精进而修持故为大精进；以大悲心不离轮回而不染烦恼尘垢，故为大善巧方便；依于此乘门能成就十大力与四无畏及十八不共法等，故为大成就；屡次示现圆满菩提与大涅槃等功行或成办任运成就与不间断之事业，故为大功行。

公元前3世纪欧提毗舍国月护王时代，文殊菩萨以比丘相到月护王宫中，宣讲了多种大乘教法并留下一函经典，显教认为留下的是《般若八千颂》，密教则认为留下的是《摄真谛经》。这是释尊涅槃后大乘经典在人间传播的开端。

约在公元1世纪末迦腻色迦王去世之后，在东方华氏城，有位名叫毗度的婆罗门，他缮写了很多三藏经典，供奉给众比丘，从此时起大乘经典开始大量流布世间。其后在龙宫为主之天界、罗刹和乾达婆等处请出《圣宝积经十万法数》、《圣大方广佛华严经十万偈千章》、《圣楞伽经二万五千偈》、《密严经一万二千偈》等诸大乘经典。

（三）密乘佛语经典

密咒金刚乘之咒者，乃是方便与智慧双运之殊胜道，宣示密咒、陀罗尼咒、明咒等三种含义。如《修持秘密续》中云："一切咒语之区别，可以分为三种义，明咒乃是方便性，陀罗尼为智慧性，密咒无二本智性。"对于不合根器者秘而不宣，如法行持方能成就故为密咒。何谓金刚乘，密乘与般若乘中宣示以果和因作为道用究竟成就之义，成为一味而无改无坏，故称为金刚，以此乘门行进于因果任运成就之境界，故称为金刚乘。《时轮大疏》中云：“金刚乃是无改与大无间断之义，此亦为乘故名金刚乘，由密咒义与般若义，即果与因成为一体”，故如是云。据《印度佛教史》等史书记载“释尊在世时就曾传授《时轮续》和《密集续》等密法，世尊在世时就已有少量的佛语经典传世”，以此可以推断当时就已有密续经典传世。又据《显密宝库》中记载：“释尊圆寂后二十八年时，五位具种姓的圣者以各自的神通力会集在楞伽地域之玛拉雅山顶上，由彼等发出二十五句悲哀呼声故，秘密主亲自降临山顶，为五位具种姓圣者等持明会众宣讲原流传于色究竟天、兜率天、三十三天等处的密乘教法。当时由罗刹洛珠涛登用琉璃汁把诸教法写在黄金函页上，并以密意七种妙力埋藏在虚空中，由此殊胜加持之因缘，萨霍尔国国王扎在睡梦中出现了七种殊胜奇异梦兆，他根据梦境修习佛法。于是对应梦兆，密续函帙从天界开始下降到人间。事部的密续函帙下降到婆罗奈斯，瑜伽部的密续函帙下降到火焰炽燃之山顶，玛哈约噶部的密续函帙下降到萨霍尔国王扎之王宫上，阿努约噶部的密续函帙下降在楞伽地域斯里兰卡洲之森林中，阿底约噶部的密续函帙是在北方乌仗衍那地区由大阿阇黎噶绕多吉（极喜金刚）于金刚萨埵或金刚手座前领受传授和结集并缮写成函帙。”释尊圆寂约三百多年后，大成就者萨罗诃宏扬密乘，并从乌仗衍那迎请《佛颅骨续》等很多密续经典。此后密续佛语经典在世间流布的数量也逐渐增多了。

二、解释佛语密意之论著及其他明处论著的产生

（一）小乘论著

论典，梵文音译为“熙扎”，《宝性论》中云：“唯有圣佛教，以无散乱者，宣讲解脱道……”。无有散乱具备智慧之作者所宣讲之论典，随顺于解脱道者，即是论典之性相，具此性相即是论典之定义。如《注疏智论》中云：“无余断除一切烦恼敌，能从轮回苦海作救度，具备断除救度二功德，此乃佛教论著他宗无。”能消除听闻者心相续之烦恼，能从恶趣作救度，故名为佛教论典。此定义亦指佛教经典，又如《注疏智论》中云：“如是唯有佛语经典是胜义谛之论典，具备断除烦恼与救度恶趣两大功德故应勤于修持此要义。”论典可以内容胜劣、所诠含义、解释方式和能作者事四个准则分类：

1. 从内容胜劣分类：如《喻伽师地论》中云：“无义、邪义与具义，奸邪、离悲及灭苦，听闻、争辩、实修等，此为九种论典籍。”如上所说之论点共有九类。其中之具义和灭苦及实修等论典，是正确无误的佛教论典。（1）无义论典，例如评论乌鸦是否有牙或无牙，无稽之谈的内容论典。（2）邪义论典，例如宣示没有前世今生不信因果的邪说论典。（3）具义论典，例如《中观》。（4）只注重听闻而所撰写的论典，例如外道之吠陀书。（5）不研究本质，只注重词句的争辩而撰写的论典，例如外道之因明论典。（6）注重实修之论典，例如《菩提道次第广论》。（7）奸邪之论典，例如宣示制

作炮弹等武器和配制毒品的外道论典。（8）不具悲愍的论典，例如宣示为获得善趣之安乐宰杀牲畜作血肉供祭之论典。（9）灭苦之论典，例如《入菩萨行论》等。

2. 从所诠含义分类：（1）宣讲尽所有之诸法的论典，其中又分普通与殊胜两种论典，普通类：例如《世间道德论》；殊胜类：例如大五明的论典。（2）宣示如所有智性的论典，例如中观诸论典。（3）宣示解脱和遍智果位的论典，例如《菩萨地论》。

3. 从解释方式分类：（1）总的解释佛语密意的论典，能显明解释佛语，例如《旃陀罗波声明论》；能显明含义如《因明七论》。（2）分别解释佛语的论典，即三转法轮各自见行的论典有三种：1）诠释初转法轮之见地的论典，例如《对法七论》和《俱舍论释》等；诠释初转法轮行持的论典，例如《律经根本律》。2）诠释中转法轮之见地的论典，例如《中观六论》和《现观庄严论》等；诠释中转法轮之行持的论典，例如《集学论》和《入菩萨行论》等。3）诠释末转法轮之见地的论典，例如《辨中边论》和《辨法界论》等；诠释末转法轮之行持的论典，例如《经庄严论》和《瑜伽师地论》等。

4. 从能作者事分类：（1）大摄集之论典，例如《集量论》；（2）集论之论典类，例如《经庄严论》；（3）分析甚深要义之论典，例如《中观六论》等。

据《印度佛教史》和《隆钦佛教史》等史书记载，古印度与藏地的论师们对最早产生的小乘论著有几种不同的说法：有些论师认为，大约在古印度大莲花王时期，有名婆罗流支者的一位论师写了很多大毗婆娑论的函卷，赠送给诸法师，此是最早解释佛语密意的论著；有些论师则认为《大毗婆娑论》是在优婆崛多时期，由诸阿罗汉共同编著；又藏地的论师们认为《大毗婆娑论》是萨婆迦摩和鸠浮阇等五百阿罗汉在北方宾陀山的那吒罗寺所造；另有些论师认为一切有部的七位阿罗汉撰写了解释《大毗婆娑论》的七部论著，即以迦多衍尼子著《发智论》为总为身，以世友著《品类论》、天寂著《识身论》、舍利子著《法蕴论》、目犍连子著《施设论》、拘瑟耻罗著《集异门论》、澧慈子著《界身论》等六论为足，总称为对法七论。

有部论师们认为，《对法七论》是佛语，故最早解释佛语的论疏应为《阿毗达磨大毗婆娑论》。经部论师们则认为早于《阿毗达磨大毗婆娑论》之《对法七论》是凡俗声闻们所造，被借口为舍利弗等人所集的佛语，因此认为最早解释佛语意旨的论典应是《对法七论》。另有些论师又认为，《对法七论》本是佛语，后来加有声闻论师所作的论著内容，有部分经部论师也同意此观点。

《对法七论》和《大毗婆娑论》问世后，有很多小乘各部派的论著相继产生。有关解释律经的论著，有功德光论师根据《四毗奈耶经》著有《律经根本律释》九卷与《羯磨事行持》九卷、《律经根本律释》十七卷等。释迦光论师著有《沙弥学处毗奈耶三百颂》和《毗奈耶三百颂注解》八卷，胜友著有《律经释摄略》十三卷等。此外还有很多小乘论著产生和流布。

（二）大乘显教论著

大乘佛教的思想是根据小乘逐渐发展的。如小乘大众部之“根本识论”乃大乘有宗“阿赖耶识”之说与“如来藏”之说的起源。大乘之空宗是从小乘之“补特伽罗无我之见”发展到抉择大乘之

“法无我”与“诸法性空”之正见。遵照佛祖释迦牟尼的教义最早宏扬大乘显教者为龙树菩萨和无著菩萨等。龙树以诸法在世俗以缘起性而存在，缘起之体性远离四边一切戏论之胜义空性二谛双融之说，来解释佛语之意旨，开创中观学派，或称空宗。无著以万法唯识之学说解释佛语之意旨而开创唯识学派，或称有宗。他们及其弟子们根据佛语经典的意旨作了很多论著。

中观派的创始人、开宗祖师龙树著有《中论》、《回诤论》、《七十空性论》、《细研磨论》、《六十正理论》和《宝鬘论》等中观理聚六论为主之诸多论著。龙树之弟子提婆（亦名圣天）著有《中观四百论》、《成就回遮迷乱理因论》和《手量论偈》等宏扬龙树意旨，此时期之中观派亦称为中观根本派。提婆之后，佛护对龙树师徒所作论著作了许多注疏，为成立中观应成派奠定了基础。其后清辩论师造《般若灯论》等注疏中观理趣之论著，开创中观自续派。其后月称论师禀承佛护之传规造《入中论》和《中观根本智论——明句释》，开创中观应成派。此后又有很多中观论师著有大量论著。

唯识派的开宗祖师无著最初将解说大乘经之隐义现观次第之《慈氏五论》传播到人间，并著有解释其密意之《瑜伽师地论》、《阿毗达磨杂集论》、《摄大乘论》等。无著之弟世亲，是一位阐扬阿毗达摩经论的著名论师，他著有《俱舍论本注》和《八品论》等很多论著。世亲有胜于己之四大弟子：即量学胜于己之陈那著有《集量论》与《观三时》、《入正理论》、《宗法九句轮》等众多因明学论著；对法学胜于己之坚慧著有《俱舍论疏——天铁钉》和《阿毗达摩集论疏》等；般若学胜于己之解脱军著有《般若二万五千颂显明论》等般若学的论著；律学胜于己之功德光著有《律经根本律释》九卷与《羯磨事行持》九卷、《律经根本律释》十七卷等。阿阇黎自在军之弟子法称论师著有击败一切邪说无可匹敌之论著《释量论》等量学七论。大阿阇黎马鸣依止提婆论师成为佛教大师并获证殊胜悉地，著有《佛本生传百零八赞》与《十四根本堕罪》等很多显密论著。寂天菩萨著有《入菩萨行论》、《学集论》等论著。大贤哲法护论师通达显密一切教法，成为禀持唯识学派之大论师，著有以唯识学派观点解释《中观四百论之注疏》等很多大乘唯识学派之论著。自幼年时就已成为学者的真扎各弥论师，依止观自在菩萨为主要本尊，亲谒观自在之尊容时，本尊授记令他多著大乘论著，可利乐诸多有情，依照观音之教敕，他著有《月炬论释》与《二十律仪论》及《入三身论》等论著。寂护大师著有《中观庄严论》等大乘论著。金洲大师之弟子阿底峡尊者精通三藏成为无可比拟之禀持教法的大贤哲。因其名声传遍瞻洲大地，阿里王降曲沃迎请尊者到雪域藏地广宏如来正法，尊者著有《菩提道炬论》等论著，破斥一切歪门邪见，使显密教法如日中天得以兴盛。除上述龙树师徒为主之诸论师外尚有罗睺罗贤、法使、三宝使、莲华慧、月宝、狮子贤、日密、桑吉·益西、胜军、调伏军、德慧、一切智友、提婆沙摩、戒护、智藏、法友和莲花戒等诸多论师著有大量大乘论著。

如上所述龙树与无著及陈那三位论师通称为著论者，提婆与世亲及法称三位论师通称为著疏者，以上六位被誉为瞻洲六庄严，功德光与释迦光二位论师被誉为二胜，寂天与真扎各弥二位论师被誉为卓越二位阿阇黎。

（三）密乘论著

佛祖释迦牟尼以化身相在南瞻部洲宏扬佛法时，释尊应恩扎波提国王之邀请，前往西印度乌仗衍那化现密集不动如来坛城，为国王及其眷属灌顶加持，传授殊胜密法，使王臣等众皆获持明果位。恩扎波提国王著有《密续王空行母金刚帐释难》、《吉祥和合明点瑜伽母密续王广释》及《吉祥诸佛平等和合释难》等多部无上密续部论著，此应是南瞻部洲最早的密续论著。密法摄受利根者，当时因时机尚未成熟，为珍惜殊胜秘法，故未公开广传。

佛圆寂三百多年后，萨罗诃降世开始宏扬密法。萨罗诃是印度显密大道场吉祥那烂陀寺的座主，著有《佛颅骨密续释难》、《见、修、行、果道歌集》、《春点道歌藏》及《大手印窍诀金刚秘密歌》等密续论著 16 种。

龙树是萨罗诃的弟子，他是一位宏扬显密教法的大阿阇黎。曾住持那烂陀寺，他著有《吉祥密集续疏》、《五次第》、《无自性成立之根本窍诀》和《金刚手修法》等 30 多种四续部论著。

龙树的弟子龙菩提获得龙树的全部密法传授，著有《吉祥密集坛城仪轨》和《蓝衣金刚手续经论疏》等。

龙树之弟子提婆著有《普摄本智心要》、《密续明灯论第一章讲解》、《清净意之罪障论》和《观心次第义疏》、《吉祥密集究竟圆满次第论》等六种密续论著。

提婆之弟子马鸣著有《金刚乘根本堕罪摄义》、《粗分堕罪摄义》、《珍宝洲之大悲观音五尊赞》等。

公元 4 世纪时，大乘显教唯识派的开创者无著亦宏扬密乘，著有《般若波罗蜜多经修法》和《圣弥勒修法》等。

无著之弟世亲，著有《圣六门陀罗尼讲解》等。

世亲的弟子陈那，著有《圣文殊赞》等。

其弟子夏瓦日巴主要宏传胜乐等密续法，著有《胜乐略修法》

和《瑜伽母加持略轨》等密续修法。他的弟子卢尹巴著有《胜乐金刚修法》和《胜乐戒源注释》。其弟子止布巴，著有《简略灌顶法事》、《五次第》、《胜乐五尊修法》及《俱生修法》等称为止布三法门。止布巴的弟子扎伦达日巴著有《喜金刚修法释论》等。扎伦达日巴的弟子纳波巴著有《胜乐轮修法》、《灌顶仪轨》、《护摩法》等生起次第三部和《春点》、《密谛》、《四次第》等圆满次第三部，此即有名的纳波六典。

与止布巴大约同时的毗汝巴，是那烂陀寺法护的弟子，又从龙菩提处学阎曼德噶修法，曾迎请《红色阎罗敌密续》并著有《红色阎罗敌圆满次第极无戏论真实性要门》、《红色阎罗敌修法》等多种阎摩敌法类。

毗汝巴的弟子卓毗·赫鲁噶曾迎请《古汝古哩续》，著有《无我母修法》和《俱生成就法》等密续论典。

其后有喇瓦巴与措杰多吉二位迎请了《喜金刚续》，喇瓦巴著有《喜金刚圆满次第》之论著，措杰多吉著有《喜金刚生起次第修法》和《喜金刚佛父修法》等论著。

古古日巴，曾任超岩寺的密乘阿阇黎，著有《玛哈玛雅修法》和《普贤修法》等多种论著，并宣讲直约三部与集经、幻网、佛平等合、月密明点和忿怒文殊等内续五部。

拉里达班扎是那烂陀寺的班哲达，他曾前往乌仗衍那，将《身语意三密之黑色阎摩敌续》、《三禁轮续》、《七品续》等多部密续典籍背诵于心中，返回印度后广宏此等诸密法。他还著有《大威德修法》和《静猛本尊游戏化现》等。

月称曾任那烂陀寺住持，主要弘扬中观学派，密乘方面的论著有《密集明炬论广释》、《金刚萨埵修法》，此外还著有行续部修法等。

真扎各弥与月称同时，著有《不空绢索五本尊赞》、《狮子吼修法》、《马头金刚修法》和《度母修法》等多种密乘论著。

桑吉益西是印度超岩寺座主狮子贤和那烂陀寺座主希瓦措（静命）的弟子，著有《大瑜伽方便续密集修法》、《观修二次第真实性》及《菩提心明点》等。

大度校巴最初依止小知鲁巴为师，后得遇一位时轮成就者，在其处获得灌顶和经传及窍诀等多种法要，经过实修获证成就。他著有《时轮释难莲花篇》、《时轮十一支修法》和《时轮六支加行窍诀》等多种密续论著。

印度金刚座（菩提伽耶）、那烂陀寺和超岩寺（戒香寺）为佛教的著名道场。金刚座和那烂陀寺主要宏传显宗教法，超岩寺主要宏扬密宗教法。诸道场中曾涌现出很多学问通达修证有成的高僧大德。公元10—11世纪左右，经常有很多外道来到那烂陀寺与超岩寺等道场与佛教论师辩论，依照当时的习俗佛教与外道将各自的宗教作为辩论之赌注，如佛教论师辩论失败，不仅道场将被外道强占，其道场之所有佛教徒也要改教归顺外道。同样，如外道论师失败，也要将道场奉献给佛教，论师及其所有信徒都要归顺佛教。为了那烂陀寺与超岩寺不受外道邪说侵犯而涌现出六位大贤哲，故得名六贤门者，即守护东门者仁雄希瓦、守护南门者西绕迥勒、守护西门者阿格旺修札巴、守护北门者那诺巴、守护中门者婆罗门仁钦多杰和坚南熙日弥扎。他们都著有密续的论著。与上述六贤门大约同时代的阿底峡尊者，是一位精通显密教法及其他学科的大德。他曾驻锡那烂陀寺，他不仅著有很多显宗的论著，还著有《发菩提心仪轨》、《金刚瑜伽母修法》、《度母赞》、《文殊独勇修法》等很多密续论著。

除上述诸论师与成就者外，尚有罗睺罗与洛比多吉、智麦洛者、益西宁波、毗达耶巴扎、德瓦·噶那真扎、麦哲瓦、白玛班扎、弥图达瓦、阿瓦德都瓦、哲达日、格必多吉、章热确色、古哈衍巴、郎甲校、扎瓦日巴、萨瓦日巴、八瓦巴、多则巴、贡噶辛、弥扎卓格、阿摩噶班扎、徐威益西、塔噶纳、威纳巴、彭措迥勒、纳波当则多吉、居麦拉、斯布德熙日辛德、罢瓦罢扎、毗尼耶格德、智纳巴、智麦华、德噶达夏、江噶达瓦、展嘉因扎日智、巴登达瓦、白弥聂古、噶玛德努、噶雅达热、辛日班匝波德、巴窝多杰、谢热桑瓦、益西确、雄努达瓦、那吉仁钦、噶巴日巴、岗巴拉、东尼当增多杰、达那希拉、朗噶嘉桑、札亚隋那、暂巴益西、叶哉多杰、江巴谢宁、益西桑波、巴增、江华扎巴、沿勒麦必多杰、达日噶巴、冉那热曲达、希巴萨拉格达、锐巴夏、萨贝多杰、桑杰希瓦、桑杰贝巴、隋威宁波、释迦谢宁、贡噶宁波、塞岭巴、释迦希日、冉那嘎拉格达、多杰丹巴、当巴桑杰、布达希日等诸多能够如是诠释显密语义、具备智慧的论师与获证共同与殊胜诸悉地行持明觉禁行之大成就者降临世间，广宏闻思讲修事业，进一步抉择清净无垢之显密教法，并著有许多解释佛语密意的论典，为禀承宏扬如来圣教之恩德难以衡量，其功德不可思议。

此外在藏文大藏经《丹珠尔》部中还编有几位女论师的论著，例如：薄伽梵佛母金刚空行母著有《大幻化修法》；吉祥冈巴拉母著有《能显真实性灯炬》；女居士宁扎格玛著有《圣文殊修法》；女居士扎辛玛著有《圣文殊吉祥珍宝仪轨》；空行母尼古玛著有《喜金刚坛城仪轨》和《尼古六法》等；玛杰朱比甲母著有《圣世间自在秘密修法》、《无量寿智修法》及《无量寿智坛城仪轨》等；杰尊玛白母著有《俱生成就论注释》、《圣观自在菩萨赞》及《十一面观自在修法》等多种；比丘尼达哲著有《吉祥圣观自在菩萨赞》。

关于印度和迦湿弥罗等地的主要论师们所著的显密论著已作简单介绍。此外尚有很多论师所著密续论著，则详见于《藏文大藏经目录》和《前译宁玛续目录》及《前译佛语密续目录》等，在此不作赘述。

（四）其他明处论著

大小五明中，内明与声明、因明、医方明和工巧明等称为大五明；诗学、词藻学、声律学、戏剧学、历算学等称为小五明。除内明外都称为其他学科。现将其他学科在印度产生和传播的情况简介如下：

声明学 最早的声明学论著出现在公元前3世纪时。印度的婆罗门巴利尼论师，著有声明论著《声明论本释》。大约与巴利尼同时有阿阇黎萨巴瓦尔玛，著有《声明集分论》。公元6世纪，真扎各弥论师（又名月宫），著有《声明月八戒论》等。其后阿努菩提著有《声明妙音论》等。以上是古印度有名的四大声明论师，此外，印度的其他声明论师还著有不少的声明论著。

因明学亦称为量学，最早起源于古印度正统婆罗门的正理派（亦称尼耶也派），此派创始人足目仙人，他撰写九句因等推理论典而首创因明学，此为印度的古因明学。后来佛教吸收和发展了古因明学。佛教最早的因明论著是阿罗汉法护所著的《因明论——讲说之灯炬》。公元5世纪时，佛教的陈那论师对因明作了重大改革，著有《集量论》及其疏释、《观所缘论》、《因明九句轮论》、《因明入正理论》等。其后法称论师发扬陈那所著《集量论》而撰写了《释量论》、《定量论》及《理滴论》等因明七论，使因明学有了很大的发展。其后在印度又出现了许多因明论师，对因明学作了不少疏释，发展了因明学。

医方明学　最初来自梵天天神，大梵天神曾著《医学论十万颂》。后传与印度婆罗门仙人们，他们亦著有不少的医学论著。本师释迦牟尼初转四谛法轮，宣讲毗奈耶第三段医经时也讲了一些医经和治疗方法等。释尊圆寂四百余年后，龙树依据仙人之书著有《百方篇》和《寿世经颂》等医学论典多种。龙树的弟子马鸣著有《医学八支大论》和《八支集要》等。其后喜月著有《八支心要疏》和《八支心要注疏——句义月光》等。后来在印度还出现了不少精通医学的论师和论著。

工巧明学　工巧明中分一般的工巧明和最胜的工巧明两大类。一般的工巧明，要追溯到人类诞生时期。人类诞生后为了生存，开始用泥土、石块和木料以及动物的骨头等制作栖身的房屋、生产工具并防身武器等，多年来逐渐发展成房屋建筑、制作交通工具等。为了美饰，佩带用骨头或宝石制造的装饰品等，后来逐渐发展成用金银珠宝制造各种饰品。人类尚未有文字以前，在生活中为了记录或传递信息，人们在石头或木头上雕刻或书写标记来传递信息，根据这些方式，逐渐产生象形文字和甲骨文而后演变成现代的文字。

最胜工巧明主要指的是佛教中运用于建造佛的身、语、意三密所依方面，作为身密所依，绘塑佛像；作为语密所依，刻、写经典；作为意密所依，建筑佛塔等。在南瞻部洲最早的三密所依产生之情况：世尊在世时摩揭陀国坚形王令画师绘制世尊真容，由于佛身光彩夺目，灿烂辉煌，画师不敢正视，难以下笔，于是趁释尊坐在水池边时，水中现出身影，画师便在画布上临摹了佛之尊像，故名为释尊水影画像，此为最早的身密所依。后来，僧伽罗国国王之女名为莫底赤辛，把三升珍珠献给佛祖，佛祖为报答她的供养，尊身大放光芒，身影显现在布上，令画师临摹绘制身像后，将此画像赠送给莫底赤辛，此画像通称为释尊光芒像。以后逐渐发展为绘制和雕刻、泥塑和铜铸等佛菩萨圣像甚多。关于语密所依，由帝释天将中转法轮的般若经用琉璃汁书写在金板上和将《尊胜幢顶庄严经》缮写在梵夹上，是为最早的语密所依。以后发展为用金银等珍宝汁及墨汁书写和木刻、石刻的经典甚多。关于意密所依，释尊降生蓝毗尼苑时，净饭王等建造莲聚塔，是为最早的意密所依。以后逐渐产生了菩提塔、吉祥多门塔、神变塔（降魔塔）、天降塔、和合塔、尊胜塔、涅槃塔八大佛塔等各种大小佛塔甚多。其后逐渐也产生了建造所依之坛城和殿宇等工艺。有关工巧明方面的论著，编在《丹珠尔》中有阿遮布仙人著的《造像量论》、龙树著的《熏香配方偈句》与《缘起殿宇之真性论》、比丘白季德著的《八十大成就者现证论》、罢里巴著的《制作水银论》和《变金术略论》等。

关于小五明之诗学、异名学、韵律学及戏剧学属于声明学之范畴，星算学属于工巧明学之范畴。诗学方面有班智达宇巴坚所著《诗镜论》和纳莫柯所著《云使》等，异名方面有班智达齐麦森格所著《异名论——无死宝藏》和班智达绕觉达瓦所著《异名论无死宝藏广释》。真扎各弥著有戏剧论著《世间普喜论》。吉祥喜天著有《龙族普喜戏剧论》等。配韵学方面有遍智者仁钦迥勒息瓦所著《配韵珍宝源泉》等。星算方面有寂天所著《卜算》和大自在天与邬摩妃以回答形式所著《长韵律占星经》以及玛纳布茹喀所著《推算寿果显明论》等。

在藏文大藏经之《丹珠尔》中除了大、小五明的论著外，还有一些世间道德等方面的杂论，例如有龙树著所著《智慧百颂》和《训育上夫精滴论》等。博扎班智达著有《人之性相论》等。

佛日虽然已西沉，
正法光明仍显耀，
恒时摄受诸众生，
如此福德奇妙哉！

佛陀功德光明所加持，
付七法师二胜六严等，
传承如同繁星璀璨故，
博大精深佛法未衰损。

依于四宗珍宝梯，
升登遍智尊胜宫，
安住寂静胜宝座，
善说幻化无比量。

如是领悟佛陀深密意，
秉持圣乘大密珍宝库，
吉祥无变中观应成派，
赞颂诸大善巧成就者。

（以上为此段内容结尾之偈颂）

第三章　佛教显密经典、论典、其他明处论著的藏文翻译及藏文大藏经版本

佛教传入雪域藏地分前译和后译两个时期，松赞干布、赤松德赞及赤热巴坚为主的祖孙三代法王等时期，统称为前译时期。在这个时期从印度、迦湿弥罗、汉地等地方迎请许多论师来藏，他们和藏地的译师们配合，翻译了大量经论典籍，也有著述，并将其初步总集汇编。公元9世纪中期，第四十二代藏王赤达玛乌冬赞普灭佛后，雪域藏地的众生失去了如同日月一样光明和温暖之众生利乐之源殊胜的佛法，而处于黑暗和痛苦之中长达八十多年，公元846年赤达玛乌冬赞普被瑜伽士拉隆巴杰多吉所弑后，公元10世纪后期，佛法在安多地区逐渐得以复兴，仁钦桑布等藏族青年前往印度，依止纳若达巴等诸大论师学习显密教法及其他明处等，仁钦桑布为首的藏族译师们与应邀或自行从印度等地来到藏地的论师们一起将显密经论典籍及其他明处的诸多论典翻译成藏文。从译师仁钦桑布起，后译时期开始。经过前译和后译两大时期，在对佛法十分崇敬的历代藏王的关心和支持下，由精通佛学修证成就之藏地与印度，以及迦湿弥罗、汉地等处学问通达和修证成就的论师和译师们共同努力，

翻译了大量的经论典籍，后经整理、编纂，逐渐产生了《藏文大藏经》的各种手抄本和木刻本。

一、佛教前弘期经论翻译概况

据《敦珠佛教史》中记载，公元6世纪左右，第二十八代藏王拉妥妥日年赞时期，从天空降下一个宝箧，落在藏王所住的雍布拉康王宫顶上，宝箧内装有《诸佛菩萨名号经》和《六字心要陀罗尼》之印模、《宝箧经》及小金塔等，此为最早传到藏地之佛教三密所依之圣物。又据《隆钦佛教史》中记载，藏王拉妥妥日年赞时期吐火罗地区与和阗地区的两位译师邀请汉族堪布李贤来到藏地宏扬佛法时，汉族堪布以五部佛之手印加持了身密所依五部佛之身像、语密所依《诸佛菩萨名号经》和《无垢顶髻经》、意密之依五层黄金塔等，并嘱咐藏王供奉这些圣物。王在梦中得到往后第五代藏王时将会知道这些圣物的授记。

公元7世纪藏王松赞干布时代，藏王派吞弥·桑布扎等赴印度学习梵文和佛经，吞弥等返回藏地后，根据印度梵文和原始藏语新造藏文，吞弥还著有《三十颂》与《字性组织法》等八大声明论著。吞弥与达摩阁侠和拉隆多杰拜等最初翻译了《大集宝顶陀罗尼》、《月光灯炬经》、《观世音二十一续经》、《诸佛菩萨名号经》及《宝云经》等。当时藏王还从印度迎请阿阇黎古萨惹、婆罗门香嘎惹，从尼泊尔迎请阿阇黎西那曼殊，从迦湿弥罗迎请阿阇黎达努，从汉地迎请阿阇黎·玛哈德瓦泽（大寿和尚）等至藏翻译佛经，宏传佛法。当时还翻译了般若经等。

到公元8世纪初松赞干布的第五代孙麦阿葱·赤德祖丹时，郑嘎漠那阁侠和梁扎那古玛惹迎请佛密论师至藏，翻译了《百业经》、《金光明经》以及《毗奈耶分品疏》、星算医药等方面的论典。

公元8世纪时期的第三十八代藏王赤松德赞是一位虔信佛法的君王，为表示对大乘佛法的敬意，藏王取出自身的鲜血与山羊奶混合书写了四函《大般若经》，通称为红色写本般若经；藏王又取自己的头发烧成粉末与白山羊之奶混合书写了四函《大般若经》，通称为蓝色写本般若经。大量翻译佛教经论是从赤松德赞时代开始的。当时，藏王遣使先后迎请印度论师菩提萨埵（静命）和阿阇黎莲花生大师来藏，二位大师与藏王一起创建桑耶寺，剃度初试七人出家，成立了着白衣蓄发在家修行的咒师会众和着黄衣出家僧伽会众这两大法统。并创建显宗性相因乘之讲经院和密咒金刚果乘之观修院，为显密圆融的藏传佛教奠定了基础。菩提萨埵大师为藏王等藏地信众宣讲《十善道》、《十八界》及《十二因缘》等，宏扬中观学和律学并著有显密论典《中观庄严论》、《金刚摧破陀罗尼讲记》、《顶髻无垢陀罗尼造塔仪轨》及《成就真实性论》等近十种论著。

莲花生大师为藏王等藏地臣民信众传授修部八教和金刚橛等密法。大师为使殊胜密法长久住世利乐未来无数众生，把许多甚深秘典和殊胜的佛像、佛塔等三密所依之圣物以及法器等埋藏在山岩、湖泊和虚空等处令诸伏藏护法神守护，并作授记曰：“直至今后轮回未空之间，将有吾之身语意等无数化身之伏藏师，应世掘取伏藏，利乐具缘诸众生。”如授记所云，从公元10世纪起至今，有桑杰喇嘛为首等数百名掘藏师随缘降世，掘取伏藏，广宏伏藏法门，救度具缘众生。此法脉由宁玛派继承。所取伏藏法品名称详见《大珍宝伏藏目录集》。在《藏文大藏经丹珠尔》中只列有莲花生大师所著的

《喜金刚五誓言》、《见地窍诀鬘论》、《金刚摧破陀罗尼注疏》及《圣独勇成就法》等十多种密续。

在赤松德赞时期，除静命大士和莲花生大士外，还迎请了无垢友与莲花戒、达那桑智达、辛当噶巴、威悉达桑哈、达摩古都、甲瓦谢宁、斯冉扎菩提及达那尸拉等诸论师与藏地的译师们，将大量的佛经译成藏文广宏正法。赤松德赞逝世后，其子牟底赞普继位时，赞坚瓦尔玛与释迦森哈、苏仁扎菩提、智拉弥扎、达拉西拉、毗雅森哈噶然等六位外籍论师至藏，翻译了大量的性相乘之经典，同时还翻译和审定了大量的事续与瑜伽续、有关身语意三密之密续以及内窍诀等密续。此外还迎请智麦谢宁、占那色那及婆罗门·吽噶惹等论师来藏，和藏地的译师昆·鲁伊旺布、玛·仁钦确及向·益西德等，翻译其先辈们所未译尽的经论典籍。同时由噶瓦·巴则和曲吉宁波等译师把东塘登噶王宫中供奉的佛经以每八字为一偈句，每四个偈句为一组偈颂，每三百偈颂为一卷的标准进行编排，将所有经典和论典的名称编成目录，称为《登噶目录》①。这是公认的藏地最早的藏经目录。其后噶瓦·巴则和昆·鲁伊旺布等，在旁塘噶美寺，把藏地所译经典论著的名目、卷数、颂数编成目录，供奉在旁塘噶美寺，称为《旁塘目录》。此后又由噶瓦·巴则等译师们将桑耶钦浦寺中所供佛经编写目录，称为《钦浦目录》。此三大目录就是最早的《藏文大藏经》。

编写三大目录时《甘珠尔》和《丹珠尔》都合编在一起，当时所收录的法部数量也不多。例如《登噶目录》（全称是《登噶王宫供奉之所译一切佛经目录》）：此目录中收录的法部数量共计 742 部，

① 据此目录的末尾记载："佛语经藏和注释论典皆以偈、卷统一编排并校对，于龙年在登噶王宫编成目录。"此处所说的龙年应是木龙年，即公元 825 年。

每个法部的偈颂数和卷数都作了详细的统计，其中仅有 63 个法部标有作者的名称，所有法部均未标有译者的名称。

登噶目录的法类编序和法品数量：

1. 属于大乘经部般若波罗蜜多类的有 16 个法部。

2. 属于大乘经部极广类的经典有 8 个法部。

3. 属于大乘经部大宝积经十万法数之第 48 章以上的法部。

4. 属于大乘经部杂类之第 11 卷至第 26 卷共 12 个法部，第 10 卷以下共 155 个法部。

5. 属于大经类的有 9 个法部。

6. 从汉文译成藏文的大乘经典有 24 个法部。

7. 小乘经部的经典有 46 个法部。

8. 密咒之密续典籍有 18 个法部。

9. 各种大小陀罗尼有 101 个法部。

10. 百零八名号有 9 个法部。

11. 各种礼赞有 18 个法部。

12. 各种发愿文有 12 个法部

13. 各种吉祥颂有 7 个法部。

14. 律藏有 31 个法部。

15. 大乘经部的论疏有 51 个法部。

16. 汉文译成藏文的经部论疏有 8 个法部。

17. 中观的论著有 33 个法部。

18. 禅定的论著有 8 个法部。

19. 心识的论著 42 个法部。

20. 大乘各种论著 31 个法部。

21. 小乘论著 9 个法部。

22. 有关因明的论著 25 个法部。

23. 赞普赤松德赞所著论著 7 个法部。

24. 未审定的 2 个法部。

25. 未完成翻译的论著 9 个法部。

《旁塘目录》的法类编序与法部数量：

（一）有关般若波罗蜜多等经藏之法部名称类：

1. 圣般若波罗蜜多类有 17 个法部。

2. 属于经藏范畴之圣大方广佛华严部有 5 个法部。

3. 属于圣大宝积经的有 9 个法部

4. 大经部有 129 个法部

5. 未达到卷数标准之小品经类有 54 个法部。

6. 小品般若波罗蜜多类有 13 个法部。

7. 从汉文译成的藏文的大乘经藏类有 11 个法部。

8. 小乘经藏类有 11 个法部。

9. 属于大经藏的有 10 个法部。

10. 法数名称类有 5 个法部。

11. 小品经类有 33 个法部。

12. 密续类有 4 个法部。

13. 各种小品陀罗尼及其仪轨有 13 个法部。

14. 大品陀罗尼类有 5 个法部。

15. 各种大小品陀罗尼类有 89 个法部。

16. 零星的陀罗尼与明咒之精要类有 9 个法部。

17. 各种佛菩萨百零八名号与赞颂文、吉祥颂、祈愿文类有 33 个法部。

18. 戒律类有 19 个法部。

19. 经藏之各种论疏类有46个法部。

20. 从汉文译成藏文之经藏论疏类有7个法部

21. 中观论疏类有29个法部。

22. 心识（唯识）论著类有29个法部。

23. 小乘论著类有15个法部。

24. 因明类的论著有28个法部。

25. 诸位论师所著各种论典类有25个法部。

26. 往昔之诸大阿阇黎与国王们礼赞至尊圣者的赞颂文有15个法部。

27. 吐蕃王赤松德赞的著作有11个法部。

（二）未审定与未译完的显宗经典与论著类：

1. 未审定的经藏之经典及其论典有5个法部。

2. 未译完的经藏与律藏的经典有11个法部。

3. 未审定的论著有9个法部。

4. 与经藏经典之经名和目录及母本稍有不同而与两种原稿多数相同的诸法部，均编入正文里。

5. 只有一种古籍原文，另行编译的有5个法部。

6. 两种古籍中均无，出自沙门迅鲁宁布的古籍有3个法部。

（三）其他译跋中所列不同的书名类：

1. 古籍中有而两种原文中没有的4个法部。

2. 未标有译跋的21个法部。

3. 陀罗尼有1个法部。

4. 诸位阿阇黎的著述有34个法部。

（四）赞普·赤松德赞等藏地诸阿阇黎的著作有119个法部。三门的论典有134个法部。

此目录中共有1020个法部。

《饮浦目录》现已失传。

前译时期诸译师和论师们不仅译了很多显宗的经典和论著，还译了不少密宗的密续经典和论著。根据《莲花生大师本生传》可知当时所译显宗经典有：《圣者宣示善恶因果经》、《百业经》、《宣讲业果经》与《业报差别经》、《圣摄一切细研磨经》、《富楼那尊者等百传》、《婆罗门厅经》、《大善巧方便报答父母恩重经》、《贤愚经》、《正法念处经》，《断除败坏戒律过患经》等宣示不了义之诸经典；《律本事》、《律分别》、《律上分》、《根本说一切有部之毗奈耶杂事》、《别解脱经》、《比丘尼之解脱经》等律经；《般若波罗蜜多十万颂》、《般若波罗蜜多二万五千颂》、《般若波罗蜜多一万八千颂》、《般若波罗蜜多一万颂》、《般若波罗蜜多八千颂》、《圣者般若波罗蜜多功德珍宝摄要颂》、《般若波罗蜜多七百颂》、《般若波罗蜜多三百颂》、《般若波罗蜜多百五十颂》、《般若波罗蜜多百颂》、《般若波罗蜜多五十颂》、《般若波罗蜜多二十五门》、《佛说帝释般若波罗蜜多心经》、《圣者般若波罗蜜多小品大乘经》、《圣者般若波罗蜜多金刚能断经》、《薄伽梵母般若波罗蜜多心经》等般若波罗蜜多母子十七经以及主要宣示空性之诸多般若经；《大集地藏十轮经》、《圣者一切法功德庄严王经》、《大方广佛华严经》、《圣者大宝积经》、《楞伽经》、《妙法莲花经》、《大涅槃经》、《圣者解深密经》、《大乘密严经》、《圣者金光明经》等宣示了义诸经典。

翻译之论典有《大毗婆娑论》（未译完）、《法蕴论》（舍利子著）、《假立论》（目犍连子著）、《界品论》（富楼那著）、《识身论》（天寂著）、《集异门论》（拘瑟齿罗著）、《发智论》（伽达衍那著）、《品类论》（世友著）等对法诸论典；《蕴品类论》、《二十品类论》、

《三十品类论》、《成业品类》、《注疏智论》、《圣者六门陀罗尼注疏》、《四法注疏》、《噶雅果日所问经注疏》、《十地经注疏》、《无尽智慧所问经注疏》、《俱舍论》等世亲所著诸论典；《中观六论》、《礼赞集》及《教言集》等龙树所著诸论典；《中观四百论》（提婆著）、《推理论》（巴夏著）、《中观本释·布达巴利达》（佛护著）、《入中论》（月称著）、《中观二谛论》（智藏著）、《中观庄严论》（寂护著）、《中观显现论》（莲花戒著）、《三十四本生传》（马鸣著）、《法集要颂论》（法护著）、《因明轮论抉择》与《观所缘品类论》（陈那著）、《因明七论》（法称著）等开启智慧诸论典；《入菩萨行论》与《集学论》（寂天著）、《慈氏五论》（无著迎请）、《瑜伽师地论》与《阿毗达磨集论》及《摄大乘论》（无著著）等诸多大乘诸论典；《妙莲花经疏》（地亲著）等论著。此外根据《莲花生大师传》第八十八章中记载，当时所译内外密续之典籍有：《炽燃具威界续》与《寂静至圣天人续》、《身密修规干枯燃火续》、《语密修规大怀柔续》、《意密修规忿怒白莲续》、《功德修规玛果天女续》、《事业修规持明成就续》、《明咒总体修规会聚吉祥赫鲁噶之文殊身密续》、《莲花语密续会聚经》、《甘露功德续》、《金刚橛事业续》、《召遣非人续》、《虚空宝库续》、《明点大乐广界续》、《十恶诛度续》等大瑜伽密续类；《普聚珍宝经》、《本智威严界轮续》、《屍陀林杜鹃游戏续》、《心识教敕经》、《佛平等合身密续》、《月密明点语密续》、《秘密会集意密续》、《普明幻网功德续》、《噶玛目麦事业续》、《集义金刚四座续》、《宣示本宗传规心识与本智之秘密心要续》、《宣示所有事业之四十幻化续》、《实现怀柔上幻化续》、《誓言与教法之窍诀幻化支分续》、《幻化八品略讲续》、《实现游戏天女幻网续》、《八十幻化续》、《彻底了悟胜义本智文殊幻化续》等阿努约噶密续类

（以上皆属内密典籍类）。属于事部密续有《一切密咒之总纲妙臂请问续》、《一切密咒灌顶之金刚手灌顶续》、《显明一切明咒明觉最胜续》、《摄集一切明咒要义之苏德噶利续》、《一切密咒之事业胜于三界续》、《一切密咒之密意禅定后分续》、《莲花顶咒续》、《莲花冠冕续》、《深密仪轨密咒续》、《如意宝转轮续》、《不空绢索续》、《宝箧庄严大小等续》、《文殊本智勇识无垢续》、《文殊智慧敏锐续》、《文殊斩断迷网续》、《文殊真实名经·歌吟续》、《金刚手灌顶续》、《金刚地下续》、《金刚地上续》、《金刚杖续》、《金刚锐利续》、《宣示金刚秘密续》、《金刚火山续》、《附属五部陀罗尼》、《毗卢遮那现证菩提续》、《火焰炽燃烧毁烦恼续》、《观修无念续》、《根本续达塔桑扎达》、《巴夏噶拉金刚顶续》、《红宝石最胜吉祥殊胜续》、《萨姆扎雅摄集证悟续》等外密类诸多典籍。

根据上面所述，可以说明在前译时期翻译了大量的显密经典和论著。按照诸法王之教敕，对极为难得之金刚密乘诸殊胜法类，尤其是母续类的密法，应极为尊重、不准轻易宣示给不合根器者之规定，当时除少数密续法类编在三大目录中外，其余多数甚深密续法类均未编在三大目录中。因此，就《前译宁玛密续》而言，除少量下三部密续法部外，多数密续均未编入三大目录中。在《邓噶目录》中仅编有《圣者不空绢索大品》与《圣者金刚手灌顶续》及《圣者彻底清净一切恶趣威严王品》、《圣者大孔雀明王续》、《圣者明觉王母大随求续》等下三部密续类的 18 个法部。藏王赤热巴坚在位时，曾给祥·益西德与觉若鲁伊坚赞及噶瓦巴则等译师下令："对于往昔诸法王时代译师和论师们所翻译的佛经，其中有些与佛经内容梵文语法不相符，以及难以理解并在藏地未曾流行之新安立的名词，用一些通用名词取代，以与大小乘教理相符而作修改。"根据藏王的教敕，诸译师针对往昔诸法王时代所译佛经中存在一些未译术语、未流行术语、阙译、衍译、错译、混译、译劣、译文病句等八种翻译弊端进行了修正，对于有些未译尽的佛经进行了补译，新译了很多显密经典，并迎请毗玛拉弥扎与熙能扎菩提及菩提弥扎等很多论师到藏地与藏地的译师们对所译佛经进行厘定，并为往昔所译佛经不衰损以及为利于诸后学之翻译，特地制定了翻译的三大原则（即所译佛经的语法规则应与梵文语法相符合；所译的内容不能与佛经的内容相违背；所译的佛经内容应便于藏族人理解等）与翻译的四种方法（音译、义译、直译、直译与义译相间）以及译经的四个注意事项，还制定了三条厘定。

四个注意事项如下：

①诠释佛菩萨与声闻等的名号时，应广为宣讲佛之所有名号和功德及异名等。对于其他诸名词的诠释，应有广中略之区分，并应参阅先辈赤松德赞时期，印度与藏地之佛学家们翻译、审定的《宝云经》和《圣伽楞经》等。②各个译经院翻译佛经时必须严格遵照厘定的译经规章，不得随意翻译或篡改，不得违背译经规章之宗旨而任意新立名词术语。③如果各个译经院与讲经院需要新创立名词术语时，译经院与讲经院不得自行决定，应遵照佛经内容和声明学传规，并根据各自的构思的新创名词术语之初稿，呈报藏王和大译师及大论师（堪布），由大译师与大论师们商议审定后，报请藏王敕令批准后，才可使用新创立的名词术语。④密续经论，需经国王批准后方可翻译，诸译师不得自行随意翻译。

（一）前弘期赴藏地的主要论师简介

大堪布·菩提萨埵　公元8世纪应藏王赤松德赞之请来到藏地

的一位著名的印度佛学家。他先后两次来到藏地，主持新建桑耶寺并给初试七人授戒，在雪域藏地创立僧团，主要宏扬戒律与中观，其著述有《摄真实性》与《中观庄严论》及《中观二谛论释》、《念诵顶髻无垢陀罗尼而建造百零八座佛塔或五座佛塔之仪轨》、《七如来往昔所发大愿之经部窍诀》等。

阿阇黎·白玛桑巴瓦（莲花生）　遵照静命大师之嘱，由藏王赤松德赞迎请到藏地的一位道行高深得大自在的成就者。他用神通降伏藏地的诸多凶顽土地神和山神等，令他们改邪归正，成为护持佛教的护法善神；与大堪布·菩提萨埵及藏王赤松德赞一起主持修建桑耶寺，并为桑耶寺开光；为利乐未来的很多众生，将很多法典和佛像及财宝等埋藏；给赤松德赞为主之王臣诸信众宣讲无上瑜伽为主的四部密续与赐于灌顶及传授窍诀等，使密乘教法如日中天，在雪域藏地得以发扬光大。在藏文大藏经中其论著有《金刚摧破陀罗尼注疏》与《吉祥世间怙主行于虚空之修法》、《金刚摧破次第秘密文》、《散文之五字真言修法》、《显明无量宫之现证除暗明灯》等。

桑吉桑瓦　公元8世纪末，应赤松德赞之邀请，来到藏地宏法的一位大论师，他广传事、行等外三部瑜伽，其密续论著有《毗卢遮那现证菩提续解释下函》及《消除瑜伽修士之妄念障碍论》、《圣妙臂请问续略义》等十多种。

毗玛拉弥扎　藏王赤松德赞时期，从印度来到藏地的一位大论师，其名称藏文意为无垢友，宁玛派远传经典传承的经、幻、心三部主要由他所传出。其密续论著详见《前译经典汇编》，《藏文大藏经目录》中仅列有《大白伞盖陀罗修法》和《圣摧破金刚陀罗尼广释》两种。

莲花戒 印度东方瑜伽行中观自续派之论师。应藏王赤松德赞之请入藏，他以菩提萨埵等所持渐门见与持顿门见之汉僧摩诃衍那辩论后获胜。在《丹珠尔》中他的著述有《观修次第论》三部论著与《中观显明论》、《要门身密灯炬》、《精滴语密灯炬》及《真实见地灯炬》等能寂灯炬三论、《金刚亥母修法》、《圣救度母修法》等十多种。

以上提到的前弘期之诸论师外，尚有婆罗门·阿能达与布达辛达及辛当噶巴、毗辛达森哈、噶巴弥扎、牟尼瓦尔玛、萨尔瓦坚德瓦、迪纳雅扎巴、玛果色和尚、摩诃衍那和尚等诸多论师来到藏地为佛教在雪域圣地的兴盛作出了不可磨灭的贡献。

（二）前弘期藏地主要译师简介

吞弥·桑布扎 藏历饶迥前之土羊年（619 年）诞生于藏地约波九地之一名叫吞的地方，十五岁受藏王松赞干布派遣前往印度，依止婆罗门·勒辛噶拉与拉·热必森格等诸多班智达潜心研习共同文化及不共之内明学科等长达七年，成为大学者后返回藏地，改造和规范藏文。主要译著有《观世音二十一经续》与《大集珍宝顶陀罗尼》、《月灯菩萨请问经》（又名《三摩地王经》）《宝云经》、《白幢经》、《十善业经》、《般若十万颂》、《诸佛菩萨名号经》、《宝箧陀罗尼》等。

巴阁·毗若遮那 藏地初试七人出家者之一，前译时期九大译师之首，于公元760 年左右诞生。年幼时聪慧过人，年满八岁时，藏王赤松德赞亲临聂木谢喀地域，将他迎请到桑耶寺译经院，安排在静命大堪布与莲花生大师两位足下学习藏文与佛法及梵文等达十余年，后依照二位大师之旨令，把部分显密梵典译成了藏文。其后藏王赤松德赞与莲花生大师及静命大堪布赐予大量黄金，派遣毗若遮那与藏·勒珠前往印度学习大圆满教法。他二位在印度圆满完成学业并成为博通显密教法的大善知识。返回藏地后，毗若遮那给王臣及眷属众宣讲大圆满教法，并翻译了大量显密经论及其他学科的论典。他所译的法品之译跋署名有几种：所译显宗经典的译跋署名为益西德；密宗经典的译跋署名为毗若遮那；苯教经典的译跋署名为甘嘉唐达；历算典籍的译跋署名为恩扎毗若；医学典籍的译跋署名为钦巴等。他所译的密续典籍有一部分编在《前译佛语经传汇集》和《前译密续集》之中，在《藏文大藏经》中有《瑜伽母修法》、《续经王吉祥密集讲解》、《别解脱经略疏》、《无边显现佛号赞》、《般若波罗蜜多略义》及《成正理论——灯炬》等很多法部。

邓玛则芒　前译九大译师之一，于公元8世纪中期诞生于康区邓地，依止莲花生大师领受诸多教法窍诀，勤于实修证悟达到很高的境界，他还精通翻译，翻译了不少显密经论。

喀切·阿楞达　前译九大译师之一，其生卒年月不详，他也将部分梵典译成了藏文。

昆·鲁伊旺布　前译九大译师之一，公元8世纪初诞生于藏地，曾任藏王松赞干布之法臣和兴建桑耶寺之施主，由他主持在桑耶寺建造了很多三密所依之佛像与佛经及佛塔等。他还学习梵文将很多梵典译成了藏文。

玛·仁钦确　前译九大译师之一，其译著在《藏文大藏经》中有《法集要颂经》四卷、《吉祥赫噜噶修法》及《无边功德赞》等。

涅·坚南鸠摩罗　前译九大译师之一，其译著在《藏文大藏经》中有《文殊真实名经释》、《文殊真实名经显明灯炬论》等。

噶瓦·巴则 前译九大译师之一，其译著在《藏文大藏经》中有《毗奈耶十七事》、《金刚手明觉殊胜续》及《圣普贤行愿品广疏》等二十多种。

觉若·鲁伊坚赞 前译九大译师之一，其译著在《藏文大藏经》中有《比丘戒二百五十三条》、《比丘尼戒三百六十四条》、《圣法手印经》和《护摩仪轨》等。

祥·益西德 又名本德·益西德，前译九大译师之一，是前译时期诸译师中译著最多的译师，其译著在《藏文大藏经》中有《圣大云经》与《般若波罗蜜多金刚经》、《妙法莲花经》、《孔雀明王密续》、《阿毗达摩杂集论》等百余种显密经典和论典。

管·法成 于9世纪初诞生于后藏达那地区之管氏家族。他精通藏、梵、汉等文字，根据汉字和梵文佛经把《大宝积经被甲庄严会》（六卷）和《楞伽阿跋多罗宝经之诸佛语密心要品》、《贤愚经》、《佛说善恶因果经》、《圣金光明最胜王经》、《圣者千手千眼观世音之陀罗尼》、《大宝积经佛为阿难说处胎会第十三》、《大宝积经净信童女会第十四》、《佛说时非时经》、《锡杖经》、《执持锡杖普行仪轨》、《圣观自在秘密藏无碍如意轮心要陀罗尼》、《圣十一面观音明咒心要陀罗尼》、《百字论颂》、《百字论释》、《缘生三十颂》、《缘生三十颂释》、《八转声颂》、《圣解密经广释》等二十多部佛经和论典译成了藏文。并把《般若波罗蜜多心经》与《诸星母陀罗尼经》、《萨婆多宗五事论》、《菩萨律仪二十颂》、《释迦牟尼像法灭尽之记》等多部藏文佛经译成了汉文。他还来到敦煌等地宣讲佛法集录了《大乘四法经论及广释开诀记》与《大乘稻芉经随听手镜记》等经论并宣讲《瑜伽师地论》与《诸佛如来无染功德赞》等，著述二十余年。吞弥·桑布扎译师至管·法成译师之间称为前译时期。

前译时期，除上述之吞弥·桑布扎与九大译师及管·法成等译师外，尚有达磨·葛喀与拉隆·多吉拜及郑·噶木拉葛喀、赤谢·桑熙达、章·甲然勒热、森·贡拉隆热、罢·益西旺布、恩朗·甲瓦确央、威·曼殊熙日、罢·芒杰色朗、拉朗·多吉都迥、吉·坚南斯德、钦·释迦扎罢、章帝·扎雅·然奇达、徐布·白杰森格、藏·德温扎·热奇达、郑噶·牟帝噶、藏必布·仁钦勒珠、达磨·阿洛噶、郑巴朗喀、琢·仁钦德、玛·朗巴弥多巴、玛·释迦俄、吉·奇珠、朗·康巴廓恰、年·德瓦葛喀、祥·甲年桑布、东·阿扎雅·达磨·达熙拉、热纳·热奇达、粘雅·热奇达、曼殊熙日瓦尔玛、然登哲西拉、让迥、拉依达瓦、白吉能布、白觉、益西宁布、甲瓦西绕、释迦昔宁、格瓦白、勒必德、努·朗克宁布、依格巴·贡岭玛、迅努松瓦、朗喀俊等精通梵藏两文的诸多译师。因碍于文字繁多，故在此不再一一赘述。

二、后弘期佛教经论典籍翻译概况

公元9世纪中叶，藏王赤达玛乌冬赞普因灭佛，在位五年即被拉龙·拜杰多吉刺杀，接着吐蕃王朝崩溃，分裂成为若干小邦。当时阿里王松额（又名：益西沃）为恢复佛教，选派仁钦桑布等青年弟子二十一人赴印度等地求学，后又从印度迎请班智达香达噶热瓦玛、布达室利辛底、嘎玛拉固达等来藏，与藏地的译师们一起翻译显密经论。阿里王松额时，尼泊尔译师列如哲迎请班智达弥底和查瓦仁瓦入藏，弥底精通藏语后，翻译了《四座》、《文殊明智法门》及《咒义观彻》等多种显密经论，并著有声明论典《语门论》。

松额之弟拉德迎请了很多论师，特别是其子沃德（又名：降曲沃）派人迎请阿底峡等论师入藏广宏佛法。阿底峡尊者摄显密两宗要点，作为修行次第教授，著有《菩提道炬论》等佛学论著二十余种和医学论著《医学八部》等。另还译有显密论典数十种。在藏文大藏经中有尊者的论著和所译的经论达百余种。在赴藏地的论师中，他是论著和译著最多的一位论师，为佛法在藏地兴盛，作出了卓越的贡献。

沃德之子则德曾迎请迦湿弥罗·占那室利和旃陀罗·罗睺罗等论师来藏，占那室利论师与穹波·却准译师翻译了《金刚顶续》和《量决定论注释》等显密经典和论著。旃陀罗·罗睺罗论师与顶恩真桑布译师一起还翻译了《集量论》等论著。在后弘期，除上述主要论师外，还有布达巴拉与达玛巴拉及扎坚巴拉等三巴拉、苏巴库达、白玛固达、木底木扎、扎坚瓦尔玛、达拉熙日、苏拉雅熙日、都然巴拉、阿都拉雅达夏、苏玛底固德、阿玛然尊扎、提勒温巴、迅努温巴、噶纳噶瓦尔玛、当巴迦噶、扎雅阿能达、噶雅达然、弥扎卓格、邓约多吉、喀且·达瓦贡布、东义登真多吉、耶西多吉、西绕桑瓦、玛哈扎纳、巴拉真扎、门扎噶拉曲、噶尔玛班扎、扎玛日、巴俄多吉、然呼拉固达班扎、毗若扎南班扎、曼智各喀、苏雅格底、占坚熙日坚南、冈噶达然、诺百、萨门达熙日、林噶朗噶德瓦、扎噶弥扎阿能达、徐达熙日坚南、夏迦熙日罢扎、毗布帝真扎、苏噶达熙日、达南西拉、扎耶达、桑噶熙日、苏玛帝萨噶然、噶拉真扎、智南固达、玛哈波德、扎罢玛熙日、则洛甲阿门达、隆觉多吉、然南熙日、百布·玛哈巴南、百布·班扎格底、百布·噶雅熙日、百布·扎巴拜、固玛然、唐吉钦比拜、萨都格底、毗南雅熙日、西拉熙日、芒噶拉熙日、毗玛拉西、达奔阿扎雅、扎雅德瓦、拉奇玛噶然、阿能达熙日、然呼那熙日、喇嘛·桑林巴、格底·班智达、夏茹布扎、纳杰仁钦、博达固达等七十多位博通经教与修证成就的大论师来到藏地传译正法，给雪域众生惠赐了无上的恩德。

与此同时也涌现出一大批著名的译师，他们不仅翻译了大量的大小乘门之显宗论著，同时还翻译了许多有关喜金刚与时轮及胜乐、阎摩敌等金刚果乘之四部密续的本续与论续。

（一）后弘期主要译师简介

仁钦桑布　公元10世纪末诞生于阿里古格地区，十七岁时受阿里王松额派遣，率藏地青年二十人赴印度等地留学，十年中依止纳若达巴等七十多位善知识为师，广学显密经论，返藏后他先后翻译和修订重译《小涅槃经》和《圣无我请问经》、《胜于天神赞》、《三身赞》等显宗经典和论典数十部以及《文殊真实名经》和《胜乐小品密续》《密集金刚续解释——指示密意》等密续典籍百余部，另还译有《八支集要》和《八支集要广注——词义月光》等医学典籍。他翻译和重译并修订的译著近二百部，他对译经事业贡献极大，当推后弘期最著名的译师。

卓弥·释迦耶喜　公元10世纪末诞生于藏地，曾赴印度与尼泊尔等地留学达十三年，依止六贤门与巴吾多吉等论师，听闻甚深显密教法，其后依止噶耶达惹论师，成为博通显密的大学者。他迎请噶耶达惹论师入藏宏法，在论师的指导下将《吉祥秘密金刚续》和《现证之次第》、《吉祥独勇尊修法》等六十多种显密经典和论典译成了藏文。

桂·库巴拉则　初跟随卓弥·释迦耶喜学法，其后三次赴印度依止细瓦桑布和罗睺罗贤等七十多位论师，学习密集、胜乐、金刚空行母、四座、摩诃摩耶及喜金刚等法类，并翻译了很多密续典籍，广事宏传。

继觉·达威俄赛 曾依止班智达室利班扎菩提等，他于公元1027年翻译时轮续后，开创了藏地饶迴纪年的藏历法，即藏地第一饶迴始于此时。另还译有《时轮续心要》、《亥母现证根本续》、《佛颅续释难》及《胜乐续》等。

纳措·楚逞嘉瓦 藏历第一饶迴前之铁猪年（11世纪初）诞生的一位大译师，藏历第一饶迴之火牛年（1037年），遵照阿里王降曲沃之令前往印度迎请阿底峡尊者，于藏历第一饶迴水马年（1042年）迎请阿底峡尊者抵达阿里，从此时起虔诚依止于阿底峡尊者达十九年，此外还依止坚南阿噶然与辛底巴扎及纳布·当泽多吉等贤哲为师，遂成为一名学问通达修证有成的大译师。他将很多显密梵典译成了藏文，在藏文大藏经中他的译著有《吉祥本智金刚普摄续》与《一切如来之身口意三密黑色阎摩敌续》及《法界赞》等150部。

巴曹·楚逞坚赞 生于公元11世纪初，最初在藏地学习藏文与显密教法等，是一位博学之士，后赴尼泊尔与印度等地学习梵文及佛学，成为一名精通梵藏两文的大译师。其译著在《藏文大藏经》中有《正法念处经三万六千颂》、《尊胜幢顶严经修法》、《圣救度母赞》与《金刚铁枷母修法》等169部。

夏玛·森格甲瓦 诞生于公元11世纪初的一位著名译师。在藏文大藏经中他的译著有《无贪恋之见》、《摧破心性妄念之见》与《忧伤之见》等31部。

巴日·仁钦扎 公元11世纪初的译师，是萨钦更噶宁布之上师，曾迎请班智达·邓约多吉入藏，其译著有《圣不空绢索心要大乘经》、《一切如来顶髻尊胜陀罗尼》与《无我母坛城修法》等近120部。

绒松·曲桑　公元11世纪初的译师，幼年时曾依止噶尔敦·梵逞桑布和多敦·森格坚赞等为师，学习共同文化和显密教法，十三岁时智慧圆满成为博学之士。其后赴印度依止班智达·曼苏瓦尔玛和欧巴耶室利弥扎等诸多善知识学习梵文典籍，成为一名大译师。他译有《黑阎罗敌密续王·三品》、《喜金刚修法》、《速作救度母修法》等多种密续典籍并著有密续论著和《语言门论注释》等。

噶尔·曲桑　公元11世纪初的译师，年幼时在藏地学习显密教法，后赴迦湿弥罗和印度学习，成为一名大译师，他译有《圣蓝衣金刚手调伏三猛厉本续》、《莲冠续》及《火供仪轨》等。

卓·西绕扎巴　公元11世纪初的译师，最初在藏地学习，后赴迦湿弥罗和尼泊尔，印度等地，依止很多有成就的论师，学习梵文和梵文经典，并迎请班智达·达瓦贡布到藏地宏法，他译有《时论摄略续》和《金刚心释》等30多部论著。

绰浦·降比白　公元11世纪初的译师，二十三岁以前在藏地依止章噶尔与祥格瓦·甲查仁钦滚、根登热巴等为师，聆听显密佛法，二十四岁时赴尼泊尔和迦湿弥罗、印度等地求学，迎请大成就者木扎卓格和布达室利等论师入藏宏法，后又迎请释迦室利入藏传授戒律。其译著有《现观庄严论释——智慧灯炬》和《律仪传承华鬘》等。

宁·达玛扎　公元11世纪初的译师，曾赴印度依止班智达·玛底十二余年，并迎请班智达布勒雅西日入藏，其译著有《吉祥时轮外续心要》及《七十空性论释》等。

玛尔温·曲罢尔　诞生于藏历第一饶迥木猴年（1044年），最初在藏地学习文化，其后赴迦湿弥罗与尼泊尔及印度等地求学深造，依止多位博学论师学习梵文佛经，遂成为一位博通梵藏佛经的大学者。在藏文大藏经中他的译著有《吉祥赫鲁噶修法》、《吉祥胜乐轮善住仪轨》与《吉祥金刚瑜伽母修法》等40部。

巴曹·尼玛扎 于藏历第一饶迥木羊年（1055年）诞生于彭域上部巴曹地方，后赴迦湿弥罗求学二十三年，迎请大论师噶那噶瓦玛入藏地，与噶那噶瓦玛合作翻译了很多中观论典及《圣者无量寿智心要·无死鼓音陀罗尼》、《不可思议赞》等33部，均编在藏文大藏经中。

鄂·勒比西绕 公元11世纪人，最初依止色尊学习佛法，后依止阿底峡，成为阿底峡的心传弟子。译有《中观心要注释》等论典。

鄂·洛登西绕 鄂·勒比西绕之侄，十七岁时依止叔父听闻阿底峡传规诸法要，后受阿里王则德派遣赴迦湿弥罗，依止很多论师学习，达十七年之久，翻译了《量庄严论》、《不空绢索现证王仪轨》、《文殊真实名经释》、《现观庄严论释摄义》等数十部显密经论，并校订很多前弘期的旧译经论典籍。他和叔父鄂·勒比西绕在桑浦寺中主要宣讲《量决定论》和《慈氏五论》等，被尊称为鄂译师师徒。

玛尔巴·曲杰洛卓 公元11世纪人，十五岁时在大译师卓弥·释迦益西座前学习翻译，成绩优异，为求学佛法不畏艰苦曾几次徒步前往尼泊尔和印度，先后依止居特巴和纳若巴、麦哲巴等修证成就的大师，听闻和领受很多殊胜密法。他从印度带回很多密续典籍，其译著有《一切如来秘密大瑜伽尊胜王续》与《秘密如意宝耳传》等密续经典和论典共67部。

桑噶·帕巴西绕 与玛尔巴译师同一时代，年轻时赴迦湿弥罗和尼泊尔、印度等地依止班智达喀且·贡巴瓦和德扎德瓦等很多善知识，成为精通显密的学者。他译有《薄伽梵蓝衣金刚手尊金刚地下密续》和《大幻化修法》、《圣临终本智经明义》等诸多经典和论典。

咱弥·桑吉扎巴（木雅人）公元11世纪末诞生于多康木雅咱弥地区，赴印度求学，依止大论师阿罢耶噶然固达等为师，成为博通显密和梵文的佛学家。曾任那烂陀寺的第二十五任法台，是赴印度求学的藏族学者中唯一获此殊荣堪布。译有《文殊真实名经释——无垢光》和《吉祥大黑天尊者修法》等。

巴日·曲扎　诞生于公元11世纪末的一位著名译师，早年在藏地学习藏文与显密教法，后赴迦湿弥罗与尼泊尔及印度等地依止很多博学论师学习梵文与佛经等学科，成为一位精通梵藏佛典的大译师，在藏文大藏经中他的译著有《喜金刚曼扎仪轨》、《喜金刚赞》与《护摩仪轨》等82部。

努译师·降比白　有关这位译师的详细历史目前尚未发现，但在藏文大藏经中他的译著较多，例如在《甘珠尔》中他的译著有《薄伽梵独髻密续王》一个法部，在《丹珠尔》中其译著有《圣观自在赞》和《圣观世音观修三轮》等有关观世音的108个法部以及《圣救度母修法》等共计130多部。

顶洛·楚逞迥勒　诞生于1107年的一位著名译师，幼年曾依止钦·唐吉钦巴等大善知识学习藏文及佛经。其后不畏艰辛曾三次赴圣地印度求学达十八年之久。初次抵达印度时，在摩揭陀依止大学者扎弥·桑吉扎巴达十余年，闻思显密教法。第二次赴印度住了五年，先后依止斯噶达毗尔瓦与真扎格帝、熙拉真扎等十三位博学大论师，广学显密教法。返藏时，他迎请迦湿弥罗之大论师阿朗噶德瓦到藏地，在藏地他与大论师一起翻译和修订《修法摄略品》与《律经自疏》、《般若二万五千颂释》、马鸣论师所作之《佛本生传》、《时轮根本续》等显密法类。第三次赴印度，三年期间，主要学习《大毗婆娑论》，并将《大毗婆娑论》之梵文原典迎请到藏地后与阿朗噶德瓦论师一起翻译此论典，当译到三分之二时，因论师圆寂而未能完成。其后译师于公元1190年圆寂，享年84岁。他不仅是一位著名的译师，还是一位显宗经典传承的持有者和弘传者。

恰洛·扎迥　公元12世纪人，年轻时曾依止顶洛·楚逞迥勒和夏珠及章噶瓦等十多位上师，学习文化和显密教法。其后赴印度依止默智真扎和释迦室利等很多上师学习梵文和梵文经典，把很多梵典译成藏文。在《丹珠尔》中他的译著有《金刚度母修法》和《初学者集资次第略讲》等。

恰洛·曲杰拜　公元12世纪人，最初在恰洛·扎迥座前学习显密教法，其后赴尼泊尔和印度依止然本扎瓦和罗睺罗等论师，学习梵文和梵文佛经成为一位译师。他译有《世间自在之修法》和《彻底清净一切恶趣之心要陀罗尼》、《红色阎摩敌修法》等十多部。

萨班·贡噶坚赞　公元12世纪末之译师，年幼时就开始学习声明与工巧明及医明等共同学科，其后学习内明之五部大论和四密续的经论，通达显密大小五明而获得“班智达”的称号，通称为萨迦·班智达。在藏文大藏经中他翻译的经典和论典有《一切如来三密庄严续》、《圣秘密珍宝明点续》及《密集现证庄严论疏》等，其论著有《三律仪论》、《正理藏论》及《智者入门》等。

邦·洛卓登巴　诞生于藏历第五饶迥火鼠年（1276年），在十九岁以前依止大堪布色尔康巴和大戒师达德·森格坚赞为师，学习律经等显密教法。其后三次赴尼泊尔学习梵文和梵文经典，后成为大学者。译著有《吉祥金刚藏严饰密续王》、《集量论注释》及《一切佛陀密续王广释》等。

邬坚巴·仁钦拜　公元13世纪人，噶玛巴让迥多吉之上师，译有《大黑天修法注释》和《蓝衣金刚手陀罗尼疏》等。

塔洛·尼玛坚赞　公元13世纪人，年幼时入佛门听闻律经等，其后赴尼泊尔和印度等地学习梵文和梵文经典。在大藏经中他译有《转法轮经》、《一切密续的无上心要马头金刚修法》及《随求佛母明觉仪轨》等52部。

匈敦·多吉坚赞　诞生于公元13世纪中期，年轻时依止达德森格坚赞学习般若和因明、俱舍等经典，其后赴尼泊尔和印度在玛赫扎和拉西玛噶然等论师前学习梵文和小五明学科，并迎请拉西玛噶然到藏地宏法，一起翻译《时轮续释》，并在萨迦寺创建了学习诗学和词藻学之传规。在《丹珠尔》中他的译著有《世间自在百赞》和《声明月八戒论》《诗镜》等六个法部。

匈·洛卓登巴　匈敦·多吉坚赞之弟，译著有《圣观世音世间怙主之随许仪轨》、《戒源密续王释难》及《吉祥喜金刚续释难·莲花篇》等。

布顿·仁钦珠　生于公元13世纪末，幼年时由其母教他学习藏文，由喇嘛楚逞巴桑给他传授宁玛派的教法。其后他又依止格西·索朗滚和噶希巴·扎巴迅努、塔洛·尼玛坚赞、巴登森格、多吉坚赞等诸多善知识，广学显密教法及声明学、因明学等其他学科，成为卫藏地区有名的大学者。他主持编辑和校定《那塘写本丹珠尔》，并撰写了《丹珠尔目录——如意宝鬘》。他对历史上所译的很多显密典籍都作了分析鉴别和整理修订。他主持整理编撰的《那塘写本丹珠尔》成了雪域藏地多数《丹珠尔》刻本和写本的母本。他著的显密论著及其他学科的论著达二百多种，在大藏经中其译著有《吉祥无二尊胜体性之金刚》、《简说灌顶释难三百六十颂》及《讲说佛塔性相论》等十多部。

雅洛·扎巴坚赞 公元14世纪初诞生于雅隆地区的一位著名译师，幼年在博东寺出家，多年闻思显密教法及其他学科，任博东寺堪布并成为阿里古格王赤甲索朗德之上师。后赴尼泊尔与印度等地依止多位贤哲学习梵文与佛经后，成为精通梵藏佛经的大译师。在藏文大藏经中，其译著有《吉祥红色阎摩敌密续王》与《金刚座修法》及《六字明咒修法》等272部。

木雅钦布 公元14世纪人，他曾依止很多善知识，学习佛经和梵文，成为一位著名的译师，译著有《吉祥金刚萨埵修法》和《胜乐轮续忏悔摄略》、《吉祥胜乐心要成就真实性》等。

郭洛·迅努拜 出生于14世纪末，曾先后依止西绕达吉和桑让巴、噶尔玛巴·德辛西巴、贡唐曲杰·哲巴拜、宗喀巴、达纳·曲杰卓瓦、绒敦·夏迦坚赞等各教派的大善知识六十多位，以及印度大论师纳杰仁钦（森宝）等，广学显密教法并其他学科，成为一位博学者。他的名著为《青史》，其论著还有《时轮续大疏》和《宝性论广释》等十多函。《丹珠尔》中他译的法部有《圣观自在赞》和《喜金刚修法》等。

达苍译师·西绕仁钦 诞生于15世纪初，他曾依止很多善知识，学习显密教法及其他学科，成为一位著名的大学者。他对西藏医学卓有贡献，论著有《医疗源流史并医学总义》、《时轮续综述》等。《丹珠尔》中他的译著有《声律学论》等。

夏鲁·曲迥桑布 15世纪中叶出生的一位大译师，年轻时曾依止列登·勒巴甲波和洛钦·扎巴甲措、达苍译师·西绕仁钦等很多善知识。学习显密教法其他诸学科而成为博学之士，他对以往从梵文译成藏文的一些显密经论和声明及诗学等诸学科的典籍与梵文原典核对校正，为宏扬和继承佛教经论及诸学科的译典贡献显著。在《丹珠尔》中，他的译著有《大金刚持赞》和《吉祥时轮修法——瑜伽极明》、《土和木、石之仪轨》等。

拉尊·曲杰仁钦　（《佛祖历代通载》中称为瀛国公合尊）南宋末代皇帝赵显，宋度宗第二子，公元1272年生于临安，母全氏，1273年11月受封嘉国公，1274年四岁继皇位，改元德佑，由太后全氏临朝听政。元世祖至元十三年（1276年）元朝伯颜丞相率蒙古大军围攻临安时，南宋皇室无力抵抗，派使臣献传国玉玺及降表请降。投降后，赵显被元朝皇帝封为瀛国公。十二岁被朝廷发遣到蒙古腹地。至元二十五年（1288年）赵显和母亲全氏出家为僧、尼，赵显的法名藏文音译为合尊·曲杰仁钦（意为天子家族的出家僧，名法宝）。赵显十九岁被皇帝派到萨迦寺学习藏文及佛法，经过几年的勤奋学习，他成了一位精通汉藏梵佛典的译师，他从汉文译成藏文的译著有《业力果报经》、《百法明门论》和《因明入正理论》等。他曾任萨迦寺总持，后因撰写反元复宋的诗句，于1323年被元朝皇帝赐死于河西。

除上述诸译师外，在后弘期还有益西沃（阿里王松额）与扎觉西绕、卓森噶·夏迦沃、拉喇嘛·西瓦沃、甲·尊珠森格、库·欧珠、仲·甲威迥勒、卓弥·夏迦洛卓、曲杰西绕、玛童·德巴西绕、玛·格威洛卓、窍波·曲杰尊珠、达洛·迅努尊珠、谢伍·班扎德瓦、绕系·谢宁、布让勒比西绕、儒·噶瓦多杰、杰降·吾噶尔、曲杰云丹、洛迦·西绕则巴、迈觉洛卓扎、色扎瓦·索朗坚赞、约甲·多杰旺旭、芒俄尔·向秋西绕、克伍格·柯尔落扎、拜学·赛瓦扎、定日·曲扎、居·木朗扎、然·多吉扎、噶洛·迅努拜、则俄·西绕拜、扎西坚赞、瓦热提巴噶、聪敦·依格坚赞、聪敦·旺恩、介·根噶多吉、介·根噶扎、玛尔多·曲杰旺旭、曲杰宁布、刚曲益西、曲苍·旺旭嘉措、慈诚云登、切吾格巴·云登拜、索朗桑布、松巴·拜确多吉、尼玛多吉、库·格宁列卓、洛嘉迅努罢尔、拉·益西坚赞、向秋迥勒、能·达尔玛洛卓、谢·确吉桑布、楞·确吉洛卓、觉智·登真桑布、西绕益西、热巴迅努、迅努楚逞、库·多德罢尔、西绕尊珠、拥忠俄、索朗甲瓦、觉智·西绕喇嘛、觉智·涅恩默必拜、拉强·云登罢尔、索朗木巴、格楚·穹扎巴、楚呈则、拉·尊巴、拉尊波·木尼然扎、我·桑杰江、甲洛扎、拜·多杰甲波、拉仁波且、居尔拉·楚呈俄热、格隆·夏意冻瓦金、然系洛扎瓦、普布俄、西绕勒、纳措·达尔玛扎、玛尔巴·洛卓桑布、色洛扎、达瓦扎巴、年目·西绕曲、曲杰达瓦、格隆·西绕交、纳措·西绕坚赞、阿夏·甲噶尔则、年敦·索朗达尔、嗡波洛扎、迅努西绕、噶尔·西绕迥勒、降拜迅努、西绕俄热、吉·噶瓦拜、益西迥勒、夏迦尊珠、然曲绕、洛尊穹·多吉坚赞、吉·扎西、解·西绕俄、祥·智巴拜、洛吾·西绕仁钦、洛扎·达尔玛森格、木娘桑布、康巴·洛卓甲布、敦玛·楚诚森格、然萨迅尊、徐格·扎巴坚赞、扎泽满瓦仁甲尔、卫巴·洛赛、达隆巴·勒比洛卓、图色·洛扎瓦·仁钦朗甲、觉囊·洛卓拜、贡拜·扎巴坚赞、洛钦·向秋则莫、博东·扎巴坚赞、那塘·桑噶熙日、洛钦·交确拜、曲柯尔冈巴·西绕仁钦、曲柯尔冈巴·西绕仁钦、恰洛·仁钦曲甲、呈康巴·索朗嘉措、觉洛扎瓦·仁钦扎西、觉囊·多罗那它、达尔洛·阿旺平措等诸多获得文殊菩萨加持而使其智慧如同白莲盛开、人天眼目般之大译师，依仗于诸译师的莫大恩德，将显密佛语教敕诸经典与三藏四续之论疏以及其他学科的论典逐渐译成了藏文。

总的来说，从后弘初期拉喇嘛·益西沃起至公元15世纪之间，在藏地共涌现出精通梵藏两文之人天眼目大译师一百六十六位。此外有香达噶热瓦玛与阿底峡及苏玛帝古底、弥扎卓格等七十多位外籍论师先后来到雪域藏地继承宏扬显密圆融之如来圣教。因虑及文字繁多，在此不再一一赘述。

三、前后弘期其他学科论著译成藏文之概况

藏传声明学 吞弥·桑布扎改造藏文时，根据印度论师们所作的声明论著，撰写了《藏文文法三十颂》和《藏文文法字性论》等八种声明学论著，此为藏地声明学的开始。公元8世纪末，根据藏王赤热巴坚之命，印度的论师和藏地的译师们两次厘定文字并编写了《声明要领二卷》。后弘期初，拉喇嘛·西瓦沃翻译了《声明集分论略释——利乐学子》。公元13世纪时，遵照八思巴法王与首领夏迦桑波之谆嘱，多吉坚赞译师将《声明集分论》与《声明月八戒论》全部译成了藏文。其后于藏历第十一饶迴土狗年(1658年)，达尔巴·阿旺平措能珠译师将《声明巴利尼论》全部译成了藏文。其后有拉通·谢宁朗甲译师将《声明妙音论》半部译成了藏文，觉囊·多罗那塔将《声明妙音论之根本颂》译成了藏文。其后遵照五世达赖·阿旺洛桑嘉措之谆嘱，藏历第十一饶迴木龙年（1664年），达尔巴·阿旺平措能珠译师将《声明妙音论疏——极为明晰》（阿阇黎·阿努徐洛迪著）译成了藏文。此外还有邦·洛卓登巴翻译了《声明集分论释十二品》与《声明“斯”等分析论》（降央扎巴著），布顿大师

将《声明集分论释》全部译成了藏文，邦·洛卓登巴译师之名叫玛底的两大弟子与向秋则姆译师翻译了《声明集分论释——利乐学子》等。总的来说，在后弘期，藏地的译师们从梵文译成藏文的声明论著31个法部，均编在藏文大藏经中。

藏传因明学 在前弘期，最初有菩提萨埵和比丘达磨罗噶翻译《因明宗法九句轮论》，其后毗若遮那、本德·益西德、噶瓦巴则等译有《正理炬论》、《观相属论》、《他续成立论》、《正理滴论广释》等多种因明论著。在后弘期初，阿里王子西瓦沃译师与鄂·洛登西绕、仁钦桑布的弟子玛·勒比洛卓、森格坚赞、格威洛卓等译有《摄真实性分品偈颂》、《正理滴论》、《量抉择论释》、《释量论》及《集量论》等因明论著。到公元12世纪中叶，恰巴·曲杰森格创造了因明辩论方式，继承发展了因明学说。萨班·贡噶坚赞重新校正了《释量论》，并著有《正理藏论》等，使因明学进一步得到发展。在《藏文大藏经》中还列有《因明入正理论》①。在《藏文大藏经·丹珠尔对勘本》中，因明类论著比其他明处论著较多，共有20函66个法部。

藏传医方明学 早在藏王松赞干布时，就已有一些藏医配方传世。藏王赤松德赞时期，大译师毗若遮那迎请印度和汉地、尼泊尔、突厥等处的医生到藏地翻译医典。印度的译师辛达噶巴翻译了《药师佛所讲的密续医典》，汉地和尚玛哈衍那翻译了《文殊菩萨所讲的密续医典》，尼泊尔译师达纳西拉翻译了《观世音菩萨所讲的密续医典》,突厥译师森确钦布翻译了《金刚手菩萨所讲的密续医典》,冲·真

---

① 此法部的译跋中写有：唐朝译师玄奘在印度由梵译汉，后由汉地法师森降居（译音）和西藏译师敦迅由汉译藏。其后，又由依一切有部之传规而出家之大汉地曲吉仁钦（法珍）尊者，在萨迦寺将汉译本和藏译本与梵文原典核对后作修订。

巴西拉译师翻译了《弥勒菩萨所讲医典密续》，玛汝则译师翻译了《度母所讲医典密续》。吐蕃赞普赤德祖赞时，藏地九大名医之首前宇妥·云丹贡布根据前面所译这些医典编译了著名的《四部医典》。以上为藏地旧医学的形成时期。后弘期初，在阿里王降曲沃时，藏医学得到了较大的发展，仁钦桑布译师翻译了《八支摄略心要》、《八支心要广释》、《寿世篇》及《行医仪轨》等。另外还有尼玛坚赞和释迦洛卓等译师译有医学论著《百方篇》和《八支集要》等，称为新医学。公元12世纪时，前宇妥·云丹贡布之第十三代传人后宇妥·云丹贡布著有《大小八支集要》、《马鸣医学集要总注》等很多医学论著，按照厘定文字的标准修订了《四部医典》，并加入旁注。又根据时地的差异，随宜作了很多补充。还将医典之注释和窍诀编成十八支分。此外还有从伏藏所出的医经。另外又吸收汉地、蒙古及印度、尼泊尔和迦湿弥罗等十三种医学流派之长，写出了许多医学论著。由于以上诸多有利因素，促成了医方明在藏地的极大发展。在《藏文大藏经·丹珠尔对勘本》中收录有医方明的译著《百方篇》和《八支集要》等7个法部。

藏传工巧明学　有关工巧明之典籍，在藏王赤松德赞时期，藏地之译师祥·益西德译有《大方广华严经之第四十一品讲说微妙细相品》和诸经部之《佛说极乐净土妙境庄严》、《八大坛城之法数》等，《甘珠尔》中工巧明的译著共有八部。其后逐渐有益西宁布和仁钦桑布、智钦·邬坚巴、布顿·仁钦珠等诸译师们翻译了《佛说建造圣者如来身像之功德》和《坛城弹线之略讲》、《点金术略论》、《熏香配方》、《佛塔性相论》等。在藏文大藏经中工巧明的经典和论典共有二十多部。此外萨班·贡噶坚赞、宗喀巴·洛桑扎巴、第司·桑杰嘉措、多罗那他、降央钦则汪布、工珠·云丹嘉措及居·弥旁等藏地的博学者们所著工巧明方面的论著亦有很多，但均未编入《藏文大藏经》中。随着内明等大五明的论著传入藏地，同时也传入诗学、异名学、音韵学、星算和歌舞等小五明以及世间道德等方面的论著。在《藏文大藏经》中编有前译时期之噶瓦·巴则与室利·能扎菩提、祥·益西德等译师翻译的《智慧百篇》和《世间道德论——智慧宝树》、《训育士夫精滴论》等；后译时期之仁钦桑布与邬坚巴·仁钦白、雅隆巴·扎巴坚赞、曲杰西绕、丹玛·楚呈森格等翻译的《无垢问答宝鬘》和《治疗马疾论》及《世间道德论颂藏》、《人之性相论》、《白玛格宁依止世间自在观世音获证成就之公案》等。公元13世纪初大学者萨班·贡噶坚赞考虑到藏地之学子难以理解梵文诗学等论典，特地撰写了《诗学入门论》和《韵律学花卉论》及《辞藻学词句宝藏论》等摄集梵典要义之三部论著，向秋则摩比丘与朗喀桑布译师等将印度诗圣黑仆（纳莫柯）所著《云使》译成了藏文。公元13世纪末，多吉坚赞译师撰写了诸多历算论著并翻译了《诗镜论》和《龙族普喜戏剧论》及《韵律喻论》、《异名论——无死宝藏》等小五明方面的很多论著，为诗学与辞藻学等学科在雪域的发展奠定了坚实的基础。大约与多吉坚赞同时的邦·洛卓登巴译师撰写了《诗学论释——显明三汇》等很多论著。在《藏文大藏经·丹珠尔对勘本》中编有小五明及共同传规世间道德论等三十多种论典。

总之，自公元7世纪藏王松赞干布至公元9世纪藏王朗达玛灭佛间的前弘期，有吞弥·桑布扎与达玛各喀、巴阁·毗若遮那、噶、觉、祥氏三译师等五十多位译师和菩提萨埵、莲花生、叶噶然、大寿和尚等二十多位印度、尼泊尔和汉地等地的论师们一起参与了翻译佛经和撰写论著的神圣事业。公元10世纪起之后弘时期，有仁钦桑布、噶尔·曲桑等近二百位译师，和香达噶热瓦玛、阿底峡等七十多位外籍论师参与了翻译佛经和撰写论著的伟大事业。从印度和迦湿弥罗等地来藏的论师中，有不少的论师不仅撰写论著，又能胜任翻译经典，例如阿底峡尊者与弥底·坚纳格都等皆是优秀的论师和译师。在藏文大藏经中，阿底峡的显密论著和译著有一百多部。

数百年来，经上述诸论师和译师们的共同努力，在藏地产生了很多经典和论著以及其他学科的论著等藏文典籍。

四、各种版本《藏文大藏经》形成概况

（一）《藏文大藏经》手抄本

公元7世纪初前弘期至14世纪初，大量显密经典虽被译为藏文，但是都分散在各处，尚未汇编在一起，早在前弘时期，就已有《甘珠尔》和《丹珠尔》之术语。不过可能当时的《甘珠尔》和《丹珠尔》中收录的法部数量不是很多。据说公元12世纪时，在西藏纳霍尔地区已有《甘珠尔》手抄本问世。

1.《甘珠尔》手抄本产生情况

（1）《甘珠尔》八思巴之手抄本

公元13世纪时，八思巴帝师与其亲炙弟子噶尔·阿宁胆巴下令缮写了一百多套《甘珠尔》，并供奉在新建的诸寺庙中。此外藏历第五饶迥铁羊年，公元1251年，遵照八思巴帝师之令，用四千二百七十一两三钱黄金，在萨迦寺缮写了金写本《甘珠尔》一套，共一百

一十五函，通称为八思巴帝师金写本《甘珠尔》。

(2)《甘珠尔》那塘之手抄本

藏历第五饶迥水狗年（1312 年）左右，那塘寺大学者觉登·热比绕智的弟子降噶·巴齐格西应元朝仁宗皇帝爱育黎拔力八达的邀请前往蒙古宏扬佛法时，降噶给上师觉登·热比绕智寄去一箱墨和很多纸及笔等文具，于是觉登·热比绕智主持在那塘寺把从卫藏、阿里等地所收集的《甘珠尔》、《丹珠尔》原稿分类编排，逐一校对整理，编写《甘珠尔和丹珠尔目录——佛法兴旺》和《甘珠尔简目——丽日毫光》。觉登·热比绕智圆寂后，为圆满上师的遗愿，降噶·巴齐又从蒙古寄来大量的纸墨资具，由卫巴·洛色、卓比森格、降若·向秋崩、译师索朗俄热等，以觉登·热比绕智所编的《甘珠尔、丹珠尔目录》为基础，增加新收集的经论，于 1315 年缮写《甘珠尔》和《丹珠尔》一套并编写目录，供奉在那塘寺中，称为《那塘·甘珠尔和丹珠尔》手抄本。

如上所述，觉登·热比绕智编写的《甘珠尔》、《丹珠尔》目录与其弟子卫巴洛色和降若·向秋崩等缮写的《甘珠尔·那塘手抄本》中：显宗之律藏是参照拉多·俄廓寺和曲弥仁莫寺、绒隆学卓寺、桑耶钦浦等处收藏的律藏手抄本缮写的；经藏是参照八思巴大师誓愿修供所依之《人天最胜庄严之经藏》和后藏曲弥仁莫寺、那塘寺、夏鲁寺等处收藏的十多种经藏手抄本缮写的；《般若十万颂》是参照赤松德赞和赤祖德赞、弥德赞普、热巴坚、赤达尔玛乌冬赞、朗德俄松等历代藏王主持缮写的《般若十万颂》以及民间的十九种《般若十万颂》手抄本缮写的；密续类是参照至尊扎巴坚赞和曲杰嘉布、觉登·热必绕智等编写的诸密续目录和比丘色尔当巴与杰麦敦熙、巴登塔尔巴岭寺之格西达尔恰尔、智邦扎威喇嘛、俄噶本松寺等处收藏的很多密续典籍缮写的。据传，卫巴洛色还为此《甘珠尔》编写了目录。以上那塘《甘珠尔》手抄本成为后来诸手抄本和木刻本之母本。

上述觉登·热比绕智所编写的《甘珠尔和丹珠尔目录——佛法兴旺》中，《甘珠尔》之分类编序分别是：1）律经类，2）般若类，3）华严类，4）宝积类，5）大乘经藏类，6）小乘经藏类，7）陀罗尼类，8）密续类，9）名号与发愿文及吉祥颂类等。

（3）《甘珠尔》蔡巴之金银汁手抄本

藏历第五饶迴水猪年（1323 年）至藏历第六饶迴土鼠年（1348 年）蔡巴·根噶多吉执政期间，聘请布顿·仁钦珠大师担任主校，在蔡贡塘寺以《甘珠尔·那塘手抄本》为主要蓝本，用金银汁缮写《甘珠尔》，历时五载而成，共计二百六十函，称为《甘珠尔·蔡巴手抄本》。蔡巴·根噶多吉为此编写了《新缮写佛语甘珠尔目录——白史》。

后来，公元 14 世纪末至 16 世纪间，逊楚·夏迦降村、郭译师·逊鲁拜、第四世夏玛巴京安·曲杰扎巴、第七世噶玛巴·曲扎降措及第八世噶玛巴·弥觉多吉等很多学者，曾先后对《甘珠尔·蔡巴手抄本》进行研究、校对、批注等工作，使其成为藏地最有名的甘珠尔手抄本。后来的一些甘珠尔手抄本和刻本都以此作为蓝本。此手抄本后来供奉在钦瓦达孜王宫。此《甘珠尔》亦名为钦瓦达孜金银手抄本。此《甘珠尔》之分类编序是：1）律经类，2）般若十万颂，3）般若二万五千颂，4）般若一万八千颂与般若一万颂，5）般若八千颂，6）般若杂品与新译经藏类，7）诸经类，8）华严类，9）宝积类，10）密续类，11）陀罗尼集类，12）《时轮疏——无垢光》等。

（4）《甘珠尔》止贡之手抄本

此手抄本是在止贡法王·曲杰吉波（1335—1407 年）在世时，

于止贡提寺主持缮写的。有关此手抄本情况详见于《止贡法嗣金鬘》中，该书中写到：此手抄本是止贡法王·曲杰吉波之晚年，即藏历第七饶迥木猪年（1395 年），开始缮写，历时十一年，于藏历第七饶迥木鸡年（1405）年完成。此手抄本主要是以金汁缮写，也有金银汁混合而缮写的。主要由彭域地区之佳日查目瓦·贡布交等缮写的。此外据《仁钦俄色贤者传——成就喜宴》一书中提及在止贡法王根噶仁钦时代也缮写有《甘珠尔》与《丹珠尔》。以此可以了知，此时期在止贡提寺，曾兴起过缮写大藏经的热潮。

（5）《甘珠尔》江孜滕邦玛之手抄本

藏历第七饶迥铁猪年（1431 年），江孜地方官第司·绕登根桑帕作施主，大译师图吉拜担任主校，以《甘珠尔·那塘手抄本》为蓝本，用纯金缮写《甘珠尔》一套，共一百一十一函。大译师图吉拜还为此手抄本编写了目录。此手抄本藏语称为《甘珠尔·江孜滕邦玛手抄本》，其意为此手抄本十分珍贵，不能向外借阅，不准把此手抄本拿到江孜白居寺门槛以外之义。[①]

（6）《甘珠尔》洛俄之手抄本

藏历第七饶迥火虎年（1446 年），阿里地区首领阿拉坚赞邀请萨迦派鄂传规之祖师鄂钦·根噶桑布到洛俄主持缮写大藏经，把动乱时期散失的《甘珠尔》和《丹珠尔》手抄本原稿收集在一起，并组织人员缮写《甘珠尔》，鄂钦编写了《甘珠尔目录·佛法明灯》。此手抄本通称为《甘珠尔》洛俄手抄本。[②]

① 据悉，此手抄本的临摹底本是布顿大师经常诵读和写有批注的珍藏本，后由五世达赖赠送给蒙古的王公，现收藏在蒙古人民共和国乌兰巴托市。

② 此手抄本《甘珠尔》不是参照如上所述那塘等写本《甘珠尔》，而是将阿里地区散失的诸典籍收集在一起汇编缮写而成的，故此手写本《甘珠尔》的源流是独特的。

（7）《甘珠尔》羊巴井之手抄本

藏历第九饶迥水鸡年（1513 年），第四世夏玛巴活佛曲扎益西（1453—1529 年）在吉祥大乐羊巴井寺主持缮写了《甘珠尔》金汁手抄本一套，夏玛巴活佛还撰写了《甘珠尔简略目录》。其后于藏历土兔年（1519 年），夏玛巴活佛又参考原有的几种《大藏经目录》，在具备教理与因由之前提下以三种观察抉择每一个法部，并撰写一部极为广繁殊胜的《甘珠尔目录——振兴圣教》。此《甘珠尔》共 103 函。其分类编序是：1）诸密续类 20 函；2）属末转法轮之华严等类 6 函；3）诸经之《贤劫经》等 32 函；4）属中转法轮之广中略般若经及杂品般若经类 27 函；5）属初转法轮之律经类 12 函。

（8）《甘珠尔》王妃·桑吉白宗之金汁手抄本

帕摩竹巴第九任阐化王阿旺扎西·扎巴坚赞（他与第二世达赖更登嘉措结下了施供之善缘，公元 1518 年他下令恢复了三大寺为主之传召祈愿大法会）之王妃桑吉白宗作施主，于拉萨吉曲河下游组织人员用金银汁缮写《甘珠尔》一套，通称为《甘珠尔——瞻部唯一庄严》。此乃藏族妇女作施主缮写的第一套《甘珠尔》。

（9）《甘珠尔》哲蚌寺之金汁手抄本

藏历第十一饶迥铁猪年（1671 年），遵照五世达赖之令，由第司·洛桑图道主持，以《甘珠尔·江孜滕邦玛》为蓝本，用金汁缮写《甘珠尔》，共一百一十四函，供奉在西藏哲蚌寺，通称为《甘珠尔》哲蚌寺金汁手抄本，至今仍完整无缺。

（10）《甘珠尔》洛隆之手抄本

藏历第十一饶迥（17 世纪中叶）时，遵五世达赖之令，由第司·索朗曲批主持，以《甘珠尔·江孜滕邦玛》为主要蓝本，并参照其他手抄本，在塘波切寺缮写《甘珠尔》，供奉在怒江上游洛隆寺，故称为《甘珠尔·洛隆手抄本》。

（11）《甘珠尔》普扎之手抄本

此手抄本的缮写地点是西藏阿里地区普扎寺（大成就者邬坚巴·仁钦白的驻锡地），此手写本的主持者和缮写年代等不详，估计是18世纪初缮写的。20世纪90年代再版影印《甘珠尔·普扎手抄本》时，印度婆罗奈斯藏语高级佛学院的教师向巴桑登在撰写前言中写道："此手抄本与最早的那塘手抄本等不是一个源流，是独特的一支体系。其独特之处在于：此手抄本和其他手抄本或木刻本中皆有，但译者不同的有二十八部经典；同一法部有两种译本的有九部经典；此手抄本独有而其他手抄本和刻本中没有的，有二十五部经典；往昔《登噶目录》中收录的《菩提心要十万严饰陀罗尼》、《大善巧报父母恩经》、《圣者观自在莲花如意轮陀罗尼》、《赞颂薄伽梵如来——由敬信生起勇气》等四部经典，在吐蕃王朝崩溃时散失，在当时除此手抄本独有外，其他《甘珠尔》手抄本和刻本中皆无。"所以说《甘珠尔·普扎手抄本》是独具特色、十分重要的一部手抄本。

（12）《甘珠尔》不丹之金汁手抄本

藏历第十一饶迥年，公元17世纪时，不丹国王、第二任第司·登真珠扎和第四任第司·登真绕登二位主持用黄金汁缮写了一套《甘珠尔》，供奉在吉祥妙法宫中，后因宫中失火，《甘珠尔》被焚毁。公元18世纪时，第六任第司·阿旺泽仁主持，用黄金汁在蓝色纸上缮写了一套《甘珠尔》，每函经卷首页之两侧绘有彩色描金佛菩萨像，此金写本之戒律、般若、华严、宝积、诸经和密续等六大类的每类首函之经匣是用紫铜镂雕鎏金，是一部十分精美的《甘珠尔》写本。后因王宫再次失火，此《甘珠尔》中除五十七函得以幸存外，其余的皆被焚毁。公元1966年，第三代不丹国王吉麦多吉旺旭下令补写《甘珠尔》。当时调集不丹东面之扎西岗寺、古多能则寺、崩塘塔巴岭寺、尼玛隆寺、向秋曲林寺和仲萨尔寺等处的僧人，开始补写《甘珠尔》，历时一年多，于 1967 年完成。补写《甘珠尔》共用黄金 1103 多纳（印度计量单位，约合 12210 克）。此金写本《甘珠尔》现今供奉在不丹吉祥妙法宫中。

(13)《甘珠尔》颇罗鼐之金汁手抄本

藏历十二饶迥初，公元 18 世纪中期，当时总管卫藏的郡王颇罗鼐·索朗道吉（1689—1747 年）作施主，召集卫藏地区很多善于书写的工匠，以《甘珠尔·蔡巴手抄本》为蓝本，用金汁缮写了一套《甘珠尔》，通称《甘珠尔——瞻洲胜宝》。此手抄本页面宽大，纸色湛蓝而精致，金汁书写的字形优美而呈凸形。每页的两端页框内绘有精美的佛菩萨圣像。每函首页配有五彩锦缎之幔幕，用檀木制作的经夹上配有象牙雕刻之装饰，皮制经书带上配有金银制作之别针等。此抄本具备很多稀有之特点，在藏地《甘珠尔》与《丹珠尔》手抄本历史上，堪称为用材昂贵、工艺精美、无与伦比的一部《甘珠尔》手抄本。

除上述十多种《甘珠尔》手抄本外，还有谢噶、夏鲁、仁布、藏巴、则塘、贡噶、明正、巴塘、拉达克之多颇章和锡金等地的金银或墨抄写的手抄本难以计数。

在缮写《甘珠尔》方面，还有些传奇故事。据悉，大约公元 18 世纪时，青海省尖扎地区的一位咒师在二十五岁时发心开始缮写《甘珠尔》，直至七十多岁写到最后一函时，因病中断，于是他向上师三宝虔诚祈祷，病遂好转，在写完最后一函的当天晚上无疾安详往生。其独自一人缮写的这部《甘珠尔》，有近四万张七万多页，一千五百多万字，堪称缮写《甘珠尔》方面的一大奇迹。

另悉，公元20世纪初，甘肃卓尼土司之妻阿颇泰泰及其女仆们用手工堆绣《般若十万颂》十二函（约四千多张、八千多页、一百七十多万字）。每年佛教节日时，此绣品展示出来，供信众瞻仰朝拜，亦堪称奇迹。

部分《甘珠尔》手抄本之简表

手抄本名称	主持抄写者	抄写地点	抄写年代	函数
《甘珠尔》八思巴之金汁手抄本	八思巴帝师	萨迦寺	公元1251年	115
《甘珠尔》那塘之手抄本	觉登·热比绕智及弟子	那塘寺	公元1312至1315年	不详
《甘珠尔》蔡巴之金银汁手抄本	蔡巴·根噶多吉	蔡贡塘寺	公元1323至1348年	260
《甘珠尔》止贡之金汁手抄本	止贡法王·曲杰吉波	止贡提寺	公元1395至1405年	不详
《甘珠尔》江孜之手抄本	绕登根桑帕	江孜	公元1431年	111
《甘珠尔》洛俄之手抄本	鄂钦·根噶桑布	洛俄	公元1446年	不详
《甘珠尔》巴塘之手抄本	不详	巴塘县	公元18世纪前	60多函（不全）
《甘珠尔》明正之手抄本	明正土司	康定	公元18世纪前	40多函（不全）
《甘珠尔》羊巴井之手抄本	夏尔玛·曲扎益西	羊巴井寺	公元1513至1519年	103
《甘珠尔》王妃·桑吉白宗之金汁手抄本	桑吉白宗	吉曲	16世纪初	不详
《甘珠尔》哲蚌寺之金汁手抄本	第司·洛桑图道	哲蚌寺	公元1671年	114
《甘珠尔》洛隆之手抄本	第司·索朗曲批	塘波切寺	17世纪	不详
《甘珠尔》普扎之手抄本	不详	阿里普扎寺	18世纪初	119
《甘珠尔》谢噶之金汁手抄本	不详	后藏日喀则定日县境内	18世纪	不详

续表

手抄本名称	主持抄写者	抄写地点	抄写年代	函数
《甘珠尔》不丹之手抄本	登真珠扎与登真绕登	不丹吉祥妙法宫	17 世纪末	不详
《甘珠尔》颇罗鼐之金汁手抄本	郡王颇罗鼐·索朗道吉	甘丹寺	18 世纪中	225

2.《丹珠尔》手抄本产生情况

(1)《丹珠尔》那塘之手抄本

如上所述，《丹珠尔·那塘手抄本》是由卫巴·洛色和绛若·向秋崩及译师索朗俄热等在那塘寺，于藏历第五饶迥木兔年（1315年），根据觉登·热比绕智所编《丹珠尔目录》并增加新收录的法部缮写而成的。是藏地最早的较完整的丹珠尔手抄本。此《丹珠尔》之编序是：1）礼赞类 163 个法部；2）喜金刚类 75 个法部；3）胜乐轮类 60 个法部；4）吉祥大幻化续类 32 个法部；5）密集续类 120 个法部；6）时轮续等类 41 个法部；7）瑜伽续 24 个法部；8）行续与事续类 270 个法部；9）各种本尊之现证续类 380 个法部；10）密咒道次第类 150 个法部；11）大乘经藏类 71 个法部；12）中观类 69 个法部；13）唯识类 51 个法部；14）小乘类 51 个法部；15）菩萨道类 230 个法部；16）因明类 43 个法部；17）医方明及声明等类 30 个法部；18）发愿文与吉祥颂类 47 个法部；19）珍本类 180 个法部；20）藏地学者所著珍本类 21 个法部；21）绛若·向秋崩后来收集到的珍本类 218 个法部等。此手抄本共计 2326 个法部、154 函。

(2)《丹珠尔》蔡巴·木兰多吉之手写本

藏历第五饶迥之火蛇年（1317 年），遵照根噶邓珠喇嘛之谆嘱，第九任蔡巴万户长蔡巴木兰多吉作施主，召集格西更登仁钦为主的卫藏地区之众多有识之士，开始整理和缮写《丹珠尔》，历时七年，于第五饶迴之水猪年（1323 年）完成。格西更登仁钦还撰写了《丹珠尔目录·诸珍宝聚》，此《丹珠尔》是参照卫藏地区收藏的论典和《丹珠尔·那塘手写本》等编写而成，共 241 函，收录论著 2843 个法部，比《丹珠尔·那塘写本》增加了四百多个法部，此手写本编序十分规范和严谨，是一部重要的《丹珠尔》写本。此《丹珠尔》之详细编序是：1）礼赞类 56 个法部；2）时轮类 31 个法部；3）幻化网续能显类 6 个法部；4）密集类 119 个法部；5）阎摩敌类 92 个法部；6）胜乐佛父佛母类 93 个法部；7）喜金刚类 145 个法部；8）佛颅骨类 5 个法部；9）金刚四座类 10 个法部；10）金刚甘露类 2 个法部；11）玛哈玛雅类 33 个法部；12）佛平等合类 27 个法部；13）摄集根本续真性之讲续类 34 个法部；14）以瑜伽续讲解文殊真实名经类 97 个法部；15）行续之普明大日如来现证与普明大日如来幻化网类 5 个法部；16）总事续类 10 个法部；17）金刚手类 268 个法部；18）观世音类 50 个法部；19）文殊类 14 个法部；20）度母等类 176 个法部；21）陀罗尼类 69 个法部；22）各种修法 385 个法部；23）各种见地与行持类 204 个法部；24）密续总的道次与宗派论著类及坛城仪轨等类 73 个法部；25）密续总的誓言类 20 个法部；26）护法类 23 个法部；27）旧密续类 40 个法部；28）般若现证类 43 个法部；29）大乘中观类 110 个法部；30）观修次第类 37 个法部；31）皈依发心等之学处与行持类 88 个法部；32）教言类 25 个法部；33）书翰类 14 个法部；34）杂品类 5 个法部；35）传记类 10 个法部；36）末转法轮经藏之论著 77 个法部；37）小乘俱舍论类 10 个法部；38）小乘经藏论疏类 5 个法部；39）戒律类 36 个法部；40）因明类 62 个法部；41）声明类 24 个法部；42）医方明类 6 个法部；43）工巧明类 5 个法部；44）世间道德论类 12 个法部；45）

回向发愿类 49 个法部；46）人天眼目之译师们所著论典类 20 个法部等。

(3)《丹珠尔》夏鲁之手抄本

藏历第六饶迥木狗年（1334 年）八月初一至十二月十五日，扎巴坚赞之子、夏鲁寺寺主古相·贡噶邓朱，遵照布顿大师之命从卫藏聘请很多精于缮写藏文者，开始缮写《丹珠尔》，此写本主要以《丹珠尔·那塘手抄本》为蓝本，增补从前藏、后藏和康藏等地收集的论典与新译论典计 1042 部，此《丹珠尔》共计 3392 部，计 196 函。布顿大师还担任此手抄本之主校并编写了目录，名为《丹珠尔目录——如意宝鬘》。据记载，此手抄本的缮写时间仅用时四个多月，是缮写工期最短的《丹珠尔》手抄本。此手抄本供奉在夏鲁寺，故称为《丹珠尔·夏鲁手抄本》。此《丹珠尔》之编序是：1）礼赞类 1 函；2）时轮类 5 函；3）胜乐佛父佛母类 8 函；4）喜金刚类 7 函半；5）金刚四座 1 函；6）大幻化类半函；7）金刚甘露半函；8）佛颅骨类半函；9）佛平等合类 1 函半；10）度母等类 1 函；11）密集类 17 函半；12）阎摩敌类 1 函半；13）无上密续传规诠释文殊真实名经类半函；14）大乐独髻类半函；15）无上密续传规诠释金刚手密续类 1 函半；16）无上密续总论类 3 函；17）瑜伽续类 9 函；18）瑜伽续传规诠释文殊真实名经类 3 函半；19）一切秘密与净治三恶道续类 2 函半；20）行续类 2 函；21）事续类 4 函；22）修法与坛城类 2 函半；23）密续总纲与密乘誓言及护法财神等类半函；24）法事程序与护法财神及吉祥颂等类半函；25）般若性相类 16 函；26）中观类 17 函；27）末转法轮经藏之论疏类 10 函；28）大乘唯识类 17 函；29）初转法轮之论疏类 29 函；30）本生传类 3 函半；31）各种教言与书翰类半函；32）因明类 18 函；33）医方明类

7 函；34）工巧明类半函；35）世间道德论半函；36）藏地学者之著作珍本类 2 函半；37）回向发愿类半函等。

（4）《丹珠尔》噶玛巴·让雄多吉之金汁手抄本

此手抄本是第三世噶玛巴活佛让雄多吉（1289—1339 年）第二次赴汉地前，即藏历第六饶迥木猪年（1335 年）开始用黄金汁缮写的，此时期是噶玛巴活佛弘法事业极为兴盛之时，他承担了缮写《丹珠尔》的所有费用，故称为《丹珠尔》噶玛巴让雄多吉金汁手抄本。此《丹珠尔》手抄本共计 196 函。其简略编序是：1）礼赞类 1 函；2）金刚密乘类 92 函；3）密宗旧派类 6 函；4）性相乘与外诸学科类 97 函等。

（5）《丹珠尔》昂仁之手抄本

藏历第六饶迥的水蛇年（1353 年），昂仁地区首领朗喀登比坚赞与其母作施主，大学者博东·学烈朗加担任主校，丹比坚赞、强曲森格、益西白桑波、释迦坚赞等格西协助校对，以《丹珠尔·那塘手抄本》和《丹珠尔·夏鲁手抄本》作为蓝本，并增补了一些新译的论著法部，聘请卫藏的很多善于书写藏文的工匠，缮写《丹珠尔》，历时一载，于藏历木马年（1354 年）完成。共 3116 个法部、198 函，博东·学烈朗加大师编写了目录，名为《所译论典目录——无垢光鬘》。此手抄本供奉在昂仁寺，故称为《丹珠尔·昂仁手抄本》。此《丹珠尔》之简略编序是：1）礼赞类；2）四部密续之论疏类；3）修法与坛城及仪轨、圆满次第、各种羯磨等类；4）初、中、末三转法轮之论疏类；5）外诸学科之声明与因明、工巧明、医方明等类；6）世间道德论与藏地学者们之著作珍本类；7. 回向发愿及吉祥颂词等类。

（6）《丹珠尔》乃东之手抄本

藏历第六饶迥的水虎年（1362 年），大司徒·绛秋坚赞作施主，大学者夏迦俄和索朗桑布比丘主持，以《丹珠尔·夏鲁手抄本》为蓝本，组织人员增补新收集和新译论典三十八部，缮写《丹珠尔》一套，共收录3430部论典、计202函，供奉在乃东寺庙中，故称为《丹珠尔·乃东手抄本》。虽然《丹珠尔·德格版目录》中记载，此《丹珠尔·乃东手抄本目录——如意宝箧》是布顿大师所撰写。实际上据《布顿师徒文集》中第二十八函记载，此目录乃布顿之弟子仁钦朗甲著。

(7)《丹珠尔》洛俄之手抄本

藏历第七饶迥末（15世纪中期），阿里地区首领阿拉坚赞为缮写《丹珠尔》，邀请鄂钦·根噶桑布到洛俄，主持《丹珠尔》的缮写工作。此手抄本共计144函，所参照的蓝本是从阿里地区收集的译本，鄂钦还编写了《丹珠尔》目录，此《丹珠尔》与《丹珠尔·那塘手抄本》、《丹珠尔·蔡巴手抄本》等不是一个源流，独自成册。此《丹珠尔》之密续类有44函，礼赞类1函、显宗性相乘类99函。此手抄本通称为《丹珠尔·洛俄手抄本》。

(8)《丹珠尔》第司之手抄本

藏历第十一饶迥水狗年（1682年）第五世达赖圆寂后，第司·桑结嘉措秘不发丧达十二年，在此期间，借祈请达赖长久住世之名，以《丹珠尔·夏鲁手抄本》为蓝本，收集琼结、色拉寺、哲蚌寺和大昭寺等处收藏的手抄本作为参校本，聘请大学者朗岭本钦·贡确曲扎担任主校，并组织很多学者缮写了两套《丹珠尔》，增补了从布顿大师时期至此时期之间新译的和以往未曾收集到的可信论典古籍共780多部。此套《丹珠尔》共计225函，供奉在钦瓦达孜王宫中，也称为《丹珠尔·钦瓦达孜手抄本》。此手抄本的目录名为《丹珠尔目录——开启三世间安乐莲苑之日》，其书跋中作者虽署名为于土龙年五世达赖所著，实际上可能是第司本人所著。此《丹珠尔》之编序是：1）礼赞类；2）密续论疏类；3）般若类；4）中观类；5）诸经论疏类；6）唯识类；7）俱舍类；8）律经论疏类；9）本生传类；10）书翰类；11）因明类；12）声明类；13）医方明类；14）工巧明类；15）世间道德论；16）稀有论著类等。

（9）《丹珠尔》颇罗鼐之金汁手抄本

藏历第十三饶迥初（18 世纪中叶），郡王颇罗鼐·索朗道吉执掌西藏政务时，邀请噶久·降央坚赞和罗桑降央等学者担任审校者，以《丹珠尔·第司手抄本》为主要蓝本，参照从萨迦、那塘、扎什伦布寺等处收集的各种论典，召集众多缮写者用纯金汁缮写《丹珠尔》，历时两载完成。东布·降央德韦多吉编写了目录，名为《丹珠尔目录有寂唯一庄严——美丽珍宝饰团》。每一函的后面都附有颇罗鼐郡王亲自撰写的四句回向偈。据目录中记载，此手抄本共耗资折合白银一万八千六百二十一两八钱五分，此《丹珠尔》的字体十分优美，用纯金汁书写的字体凸出。其经夹板和经夹扣、经带、标签等的材料十分考究，工艺精美，堪称价值连城之珍品。全套共计 225 函，现供奉在西藏哲蚌寺。

（10）《丹珠尔》第八世达赖之七宝手抄本

藏历第十三饶迥中期（18 世纪末），第八世达赖降白嘉措下令用金、银、珊瑚、珍珠、海螺、松耳石等七种珍宝碾成粉末书写了一套《丹珠尔》，通称为《丹珠尔》第八世达赖手抄本，共计 223 函，现仍供奉在布达拉宫内。

（11）《丹珠尔》不丹之金汁手抄本

藏历第十六饶迥末（20 世纪 70 年代），遵照第三代不丹国王吉麦多吉旺旭之旨令，组织善于书写的工匠用黄金缮写了一套《丹珠尔》，计二百多函，缮写此《丹珠尔》共用黄金 4044 多纳（约 44484 克）。此套《丹珠尔》现今供奉在不丹吉祥妙法宫中。

除上述诸《丹珠尔》手抄本外，在雪域藏地还有第六世噶玛巴·通瓦东登、第六世夏玛巴·曲吉旺修、德格土司登巴泽仁、巴邦司都·曲杰迥勒等大德们和寺庙以及民间等缮写的金银墨写等很多种《丹珠尔》手抄本。

在公元 14 世纪以前在西藏和其他地区只有手抄本藏文《大藏经》传世，还没有藏文《大藏经》的刻本。

部分《丹珠尔》手抄本之简表

手抄本名称	主持抄写者	抄写地点	抄写年代	函数
《丹珠尔》那塘之手抄本	觉登·热比绕智师徒	那塘寺	公元 1312 至 1315 年	154
《丹珠尔》蔡巴木兰多吉之手抄本	蔡巴木兰多吉	蔡卫岭	公元 1317 至 1323 年	241
《丹珠尔》夏鲁之手抄本	贡噶邓珠	夏鲁寺	公元 1334 年	196
《丹珠尔》噶玛巴·让雄多吉之金汁手抄本	让雄多吉	不详	公元 1335 年	196
《丹珠尔》昂仁之手抄本	博东·学烈朗加	昂仁寺	公元 1353 至 1354 年	198
《丹珠尔》乃东之手抄本	大司徒·绛秋坚赞	乃东	公元 1362 年	202
《丹珠尔》洛俄之手抄本	鄂钦·根噶桑布	洛俄	15 世纪中期	144
《丹珠尔》第司之手抄本	第司·桑吉嘉措	穷吉	公元 1682 年	225
《丹珠尔》颇罗鼐之金汁手抄本	颇罗鼐·索朗道吉	拉萨	18 世纪中期	225
《丹珠尔》第八世达赖之七宝手抄本	第八世达赖·降白嘉措	拉萨	18 世纪末	223
《丹珠尔》不丹之金汁手抄本	不丹国王居麦·多吉旺修	不丹	20 世纪 70 年代	200 余

（二）《藏文大藏经》刻本产生情况

1.《甘珠尔》刻本产生情况

（1）《甘珠尔》永乐版

藏历第七饶迥之中期（15 世纪初），根据第五世噶玛巴·德银协巴之谆嘱，明成祖永乐皇帝朱棣为超度已去世的父母，报答双亲养育之恩并祈愿一切众生获得无漏福德，发心刊刻藏文《大藏经》。遣使前往西藏迎请藏文《大藏经》。（在该版本目录中虽未记载所参照蓝本的名称，但据藏文有关资料分析，当时迎请的很可能是那塘写本《甘珠尔》或蔡巴写本《甘珠尔》）遵照皇帝之圣旨，在都城南京灵谷寺刊刻《甘珠尔》，于公元 1410 年完成刊刻工程，连同目录共计 106 函。在每一函的前后都附有永乐皇帝所作《大明皇帝御制藏经赞》

御制赞全文为：

朕惟如来为一大事出现，演三藏十二部之玄言，所以指教垂义者尚矣。自其言流于中土，翻译其义以化导群类，非上根圆智之士鲜能以通之，而得其要者或寡矣。夫治心修身，所以成道。心也者，虚灵明妙，焕然洞彻，该贯万理而无所遗也，是故启多闻必由于藏海，原万法本归于一心。以是修证，超乎圆妙，常住不动，无有所蔽。此诚末世之津梁，迷途之明炬也。朕抚临大统，仰承鸿基，念皇考、皇妣生育之恩、垂绪之德，劬劳莫报，乃遣使往西土取藏经之文，刊梓印施，以资为荐扬之典，下界一切生灵均沾无穷之福。如是功德，有不可名言。若夫世之由迷惑真,交缠故业,茫然而莫之所归者,不究竟于斯,亦莫能得其体而返其真也。推是心以济拔流转,引援沉沦者,亦如来慈悲之愿也。用是为赞以揭于卷首,且以翼流通于无穷焉。

赞曰：如来演义谛，法音遍充周。世界恒河沙，一一皆具足。化导于群类，咸得成正观。有漏诸微尘，悉超于觉海。历阿僧祇劫，广开方便门。迷妄执空华，一切了明彻。有一弗彻者，誓不成佛陀。我今念众生，是故广演说。深心奉尘刹，俱愿证菩提。

上报二重恩，下济诸途苦。并登无上觉，欲漏尽消除。成就胜妙心，以拯诸末劫。广此密因义，布施于竺乾。频伽大梵音，至妙不思议。如十方击鼓，无疑于音声。有耳皆获闻，闻者即成觉。坚固无动转，永不堕轮回。世尊为证明，作如是赞叹。功德不可说，永被于生灵。

永乐八年三月初九日

《御制后赞》

如来法藏，至妙难测，至高无等，至广莫极。渊而无际，深不可量。大包天地，细入无间。功德无量无边，不可思议。诚超三域之平路，济众庶之夷途。以此和善，用报重恩，普济一切，悉拔旷劫。若众生发生菩提心，受持读诵，演说思惟，则道无不洽、德无不施、福无不充，了悟三乘之宗，总解真如之旨，即成正觉，永绍佛陀。

永乐八年三月初九日

另还附有藏汉两种文字的目录，但未署有作者姓名。此版本通称为永乐版，全套共105函，是最早的藏文《甘珠尔》刻本。

此版本的印板早已失传，印刷本系朱砂印制，十分精美。据调查，此版本现今在国内外只有西藏色拉寺藏有97函，尚不完整；布达拉宫藏有104函，尚差一函；另在哲蚌寺和甘肃拉卜楞寺各发现一套，是否齐全有待考证。另在四川省甘孜州康定县高日寺曾藏有一套，“文革”期间该寺受到严重破坏，现只剩有一函。据传，色拉寺的永乐版《甘珠尔》是永乐皇帝1416年赠送给大慈法王释迦也失的礼品。布达拉宫收藏的永乐版《甘珠尔》是永乐皇帝赠送给萨迦本钦·根噶扎西的礼品，原供奉在萨迦寺，在“文革”期间运到布达拉宫。

此《甘珠尔》之编序是：1）密续类24函；2）般若类24函；3）华严类6函；4）宝积类6函；5）经藏类32函；6）律经类13函等。

（2）《甘珠尔》万历版

藏历第十饶迥木马年（1594年），明朝万历皇帝下令，以永乐版《甘珠尔》为蓝本，刊刻《甘珠尔》，并按皇太后的意旨增补刊刻四十二部显密经典。此版本共计106函，通称为万历版（该版本可能现已失传）。

（3）《甘珠尔》丽江版

藏历第十饶迥土猴年（1608年），第十九世丽江土司噶尔玛·弥旁泽旺索朗绕登（汉名木增，其官职为明朝钦升通议大夫世守滇西云南步政使司右参政）遵照第六世夏玛巴·噶尔旺·曲吉旺秀活佛的谆嘱，组织人员，于四月初八开始刊刻《甘珠尔》。由第六世夏玛巴和第五世司徒·曲吉坚赞活佛等担任主校，历时十三年，于藏历铁鸡年（1621 年）完成，连同目录一函，共计 109 函。为刊刻藏经印版，木增土司共捐支花银 8000 多两，此版本主要参照的蓝本是第六世夏玛巴·噶尔旺·曲吉旺秀活佛从西藏钦瓦达孜王宫迎请的《甘珠尔·蔡巴手抄本》和从汉地迎请的永乐版《甘珠尔》等，第六世夏玛巴编写了名为《译成藏语之佛语部目录——能仁喜悦》之目录。丽江土司还为此版本写了汉文的《大藏经引》。

大藏经引内容：

大藏者，会两间秘密之真文，合三教宝章之至典，凡天地覆载之中、日月照临之地，莫不钦承肃仰。然遐慕者罄生平而不得一睹，幸捡者竭念力而不擭全收。兹欲得全文遍习用，是求印地之材，几穷梓桀于积石，鸠剞劂之匠，数劳攦指与镘工。奉兹宝藏，宛若亲炙如来登法座启广长舌，说妙音垂训也。愿与天下共宝之，愿与天下共钦之。

天启三年四月初八日

清康熙三十八年（公元 1699 年），固始汗之裔孙达尔杰博硕克图汗（藏名：堪卓·洛桑登迥）率兵入侵丽江时，下令把此《甘珠尔》全套印板移运到西康理塘寺中供奉，后来又亦称为《甘珠尔·理塘版》。此版本是藏地最早的《甘珠尔》刻本，印板在 1959 年藏区进行民主改革期间被毁。目前，此版本在国内只有西藏大昭寺和哲蚌寺各藏有一套，此印刷纸张系采用藏纸，以朱砂印刷，每函纸页折叠粘连，不易散失，书页夹板用锦缎包装，配有黄金所制别针，每两函装在一个特制的皮箱中，每个皮箱配有一个藏式银锁。据调查，这两套《甘珠尔》是当时丽江土司将新印的版本供献给西藏大昭寺和达赖喇嘛的。另外，据悉在印度的一座寺庙中亦收藏有一套此版本。

此《丽江版·甘珠尔》之编序是：1）律经类13函；2）般若类26函；3）诸经类32函；4）华严类6函；5）宝积类6函；6）密续类24函；7）《时轮续疏——无垢光》1函等。

（4）《甘珠尔》北京版

藏历第十一饶迥木鼠年（1684年），清康熙皇帝下命，由和硕裕亲王福全主持，章嘉呼图克图担任主校，根敦达扎等数十位比丘参加校对，以永乐版和万历版《甘珠尔》为蓝本在北京嵩祝寺开始刊刻《甘珠尔》，于藏历第十二饶迥铁龙年（1700年）完成，共计107函。应和硕裕亲王与内阁侍读学士食二品俸加四级乌喇代等大臣的两次祈请，康熙皇帝亲自撰写了《御制番藏经序》。

《请序疏》与《复请序疏》及《御制番藏经序》全文如下。

《请序疏》：

和硕裕亲王臣福全等谨题为释藏名经奉命镌梓，恭请御制序文宣示永久事。

窃惟迦维诞瑞，象法肇开，八正五乘毗邪摩佶，授受远矣。自汉帝梦感金仙，遣使天竺，释典诸书之流传于中土者几二千年。其间虽历唐宋隆盛之朝，亦多阐明褒赞，非徒广扬佛教，正欲藉以慈育万有也。恭遇我皇上聪明睿知，秉自性生，峻德神功侔于覆载。治化翔洽，威烈弘敷，日月照临之下罔不沾濡渥泽，奉朔贡琛；而圣度渊冲，日加竞业，宵衣旰食，勤政爱民。复以万几余闲，研精六经，总览群史，辟圆畴未发之渊微，鉴治运相循之理数。以至星官地志、诸子百家、稗乘纬书、仙经贝叶，莫不丙夜详探，究其旨奥，故能学洞阴阳、博极今古。時而宸襟游豫，睿藻琳瑯，落笔千言，炳彪云汉。所谓道备典谟、义兼风雅，煌煌乎统千圣而集成，苞三才而建极已，乃若宝墨瑶笺，龙翔凤翥，运羲画之奇，陋汉章之体，又余事也。迩者特沛鸿慈，重刊番藏名经，用广利益，盖以上凝太皇太后、皇太后万寿无疆之祯，下锡四海臣民亿万覆载之祉。但四流六度，妙理难诠，非得天语发挥，下土尘迷何由共开觉路。昔唐太宗敕名僧翻译经文六百余部，特制序文；明太祖亲撰佛母像赞；永乐中校刻大藏真经，皆当开国盛时，表章梵典。况我皇上仁敬孝慈，迥非唐明三君所能比拟万一。宸翰所颁便可烛照诸天，康济率土。伏祈皇上俯念佛果，特赐御制序文弁诸经首，开示颛蒙，昭垂万祼，庶慧日赖奎章而并焕，慈云同圣泽以长流矣。为此具本谨题，请旨。

和硕裕亲王　臣　福全
内阁侍读学士食二品俸加四级　臣　乌喇代
宗人府右司掌印理事官加一级　臣　觉罗舜拜
工科掌印给事中加二级　臣　雅斋纳
监察御史加二级　臣　伊拉哈
监察御史加三级　臣　耿额
兵部郎中　臣　图把什希

康熙二十二年八月十六日具题

本月十八日奉旨：“礼部详察典例确议具奏。”

《复请序疏》：

礼部尚书臣介山等谨题为释藏名经奉命镌梓，恭请御制序文宣示永久事。

礼科抄出和硕裕亲王福全等题前事内开："窃惟迦维诞瑞，象法肇开，八正五乘毗邪摩佶，授受远矣。自汉帝梦感金仙，遣使天竺，释典诸书之流传于中土者几二千年。其间虽历唐宋隆盛之朝，亦多阐明褒赞，非徒广扬佛教，正欲藉以慈育万有也。恭遇我皇上聪明睿知，秉自性生，峻德神功，侔于覆载。治化翔洽，威烈弘敷，日月照临之下罔不沾濡渥泽，奉朔贡琛；而圣度渊冲，日加竞业，宵衣旰食，勤政爱民，复以万几余闲，研精六经，总览群史，辟圆畴未发之渊微，鉴治运相循之理数，以至星官地志、诸子百家、稗乘纬书、仙经贝叶，莫不丙夜详探，究其旨奥，故能学洞阴阳、博极今古。時而宸襟游豫，睿藻琳瑯，落笔千言，炳彪云汉。所谓道备典谟、义兼风雅，煌煌乎统千圣而集成，苞三才而建极已，乃若宝墨瑶笺，龙翔凤翥，运羲画之奇，陋汉章之体，又余事也。迩者特沛鸿慈，重刊番藏名经，用广利益，盖以上凝太皇太后、皇太后万寿无疆之祯，下锡四海臣民亿万覆载之祉。但四流六度，妙理难诠，非得天语发挥，下土尘迷何由共开觉路。昔唐太宗敕名僧翻译经文六百余部，特制序文；明太祖亲撰佛母像赞；永乐中校刻大藏真经，皆当开国盛时，表章梵典。况我皇上仁敬孝慈，迥非唐明三君所能比拟万一。宸翰所颁，便可烛照诸天，康济率土。伏祈皇上俯念佛果，特赐御制序文弁诸经首，开示颛蒙，昭垂万禩，庶慧日赖奎章而并焕，慈云同圣泽以长流矣。为此具本谨题，请旨。”

等因。

康熙二十二年八月十六日题

本月十八日奉旨：“礼部详察典例确译具奏。钦此。”钦遵。于本月十九日到部。

该臣等议：

得和硕裕亲王福全等疏称：“释典流传中土几二千年，历唐宋隆盛之朝阐明褒赞，非徒广扬佛教，正欲藉以慈育万有。恭遇皇上聪明睿知，秉自性生，峻德神功，侔于覆载。万几余闲，研精六经，综览群史，以至诸子百家、仙经贝叶，莫不丙夜详探，究其旨奥。迩者特沛洪慈，重刊番藏名经，用广利益，上凝太皇太后、皇太后万寿无疆之祯，下锡四海臣民亿万覆载之祉。昔唐太宗敕名僧翻译经文六百余部，特制序文；明太祖亲撰佛母像赞；永乐中校刻大藏真经，皆当开国盛时，表章梵典。我皇上仁敬孝慈，迥非唐明三君所能比拟万一。伏祈皇上俯念佛果，特赐御制序文弁诸经首，开示颛蒙，昭垂万禩”等因。臣等窃惟：释典诸书充物秘藏，虽教有显密之分，宗有性相之异，要其指归在于利济万品，化导群生。历代帝王往往为之流通宣布，或命翻译，或命镌梓，其教赖以弗替。至于阐扬道风，恢弘胜果，尤在亲制文辞，冠之简册，方足令神人钦仰，远迩瞻依。考唐太宗贞观二十二年，沙門元（玄）奘等将梵经六百五十七部译毕，帝亲制《三藏圣教序》石刻，至今猶存。明太祖御制文集内有《佛母赞》，又有《心经序》及《莲华菩萨华藏世界诸赞》；明成祖校刻大藏真经，有《藏经赞》及《正宗大觉妙经》《四部经》《华严经》《真实名经》诸序，弁诸梵册，俱载藏函。又考唐宪宗有《心地观经序》；宋太宗有《御制妙觉集》五卷；真宗有《释典》御集一部，并藏诸琳宫传示不朽。恭惟我皇上功同覆载，道贯天人。极深研幾，理无隐而不烛；知來藏往，籍无奥而不探。圣学渊微，天章鸿丽，诚非前代帝王所能比拟万一。兹者体天地好生之心，扩圣人止孝之量，上为两宫禔福，下为万姓降祥，特命刊刻释藏名经，流通海内。顾释典难语，梵书乍布，必得天语褒扬，方可炳著日月。允宜俯从王等所请御制序文，冠诸经首，俾瑯函宝笈，沾被龙光，昭示天壤，永永无极，诚昌朝之盛事、圣代之旷典也。臣等未敢擅便，谨题，請旨。

礼部尚书	臣	介山
尚书	臣	沙澄
左侍郎	臣	额成格
经筵讲官左侍郎兼翰林院学士	臣	杨正中
右侍郎加二级	臣	沙海
经筵讲官右侍郎兼翰林院学士	臣	陈廷敬
祠祭清吏司郎中	臣	何棅
员外郎加二级	臣	常在
员外郎	臣	桑格

员外郎加一级　　　　　　　　臣　蔡音达
员外郎　　　　　　　　　　　臣　郭世隆
员外郎　　　　　　　　　　　臣　萧永藻
主事　　　　　　　　　　　　臣　王敬臣
主事加一级　　　　　　　　　臣　费扬古
主事　　　　　　　　　　　　臣　徐人凤

康熙二十二年九月初一日具题。

本月初四日奉旨："依议。"

《御制番藏经序》：

朕闻：义爻即衍，远开经籍之源；禹范旋披，弘启文章之钥。溯淳风于太古，恢景运于中天。大义微言，较日星而並灿；灵篇宝箓，偕岳渎以争奇。即至佑国庇民，有祝史受釐之册；和风甘雨，有阴阳占候之家。总皆以崇有为归，遂各著阐幽之论。若夫十方四谛之门、三明六通之业，梦金人于汉帝，白马驮来；序圣教于唐宗，青莲涌出。瑯函东度，登黄珉碧玉之坛；金叠南翻，建狮子龙王之会。竺兰授记，宗风振四十二章；元（玄）奘载归，胜果扬六百余部。用度阎浮之域，长留震旦之区。原其流衍弘纲，意在挽回末俗。依然忠孝，言言祛妄存真；亦曰仁慈，念念胜残去杀。心灯夜炳则照彻昏衢；意蕊晨飘则凉生火宅。虽殊途而一致，实异派而同原。兼以讽诵仙论，仰祝灵长之祚；敷宣教铎，俯垂济渡之航。固所瞻依，宁无裨补。是知乾纲在握，无俟藉响于法螺；而当泰宇方隆，并可征休于香象矣。朕探索古今，研穷谟典。皇风帝绪之策，时掣牙签；名山秘笈之藏，更披玉轴。鸡筹报晓，资启沃于经帷；凤炬分宵，备询谋于册府。宪章所俙，討搜文献之遗；儒术攸崇，绍明理性之学。际兹车书一统，庶几轨物咸遵。至于意树心莲，未展贝多之叶；鹤林鹿苑，偶临般若之台。究玉镜之圆光，览金绳之妙谛。伏惟太皇太后遐龄永锡，斋心舍卫之城；皇太后纯嘏殷流，报礼祇洹之役。曩者林衡授矩，无非桂栋梅梁；于焉竹素成编，尽是彫谈奥辩。供亿靡劳于蔀屋，不涉民财；经营悉出于芝宫，非关内帑。念真乘之慧业宜宣，而梵呗之潮音未广，乃稽历古传灯之录，更辑千山印钵之篇。番藏旧文，爰加镌刻。绿缥装就，八解高超；黄锦开时，七花远迈。诚以导蠙晖于紫幄，分璇彩于黄图。助启芳诠，广崇大藏。颂两宫之景福，延万姓之鸿庥。式弁简端，用资褒赞云尔。

康熙二十三年八月二十三日

《职名》

奉旨补造大藏经承造：

和硕裕亲王臣福全

监造官员：

司业臣阿勒卑忒胡

内阁侍读学士	臣	舒辂
礼科掌印给事中	臣	阿什谭
刑科掌印给事中	臣	赫寿
都察院监察御史	臣	色德里

监察御史	臣	麻色
监察御史	臣	萨音布
刑部郎中	臣	温察
工部郎中	臣	六相
吏部员外郎	臣	恩霭
兵部员外郎	臣	马朝赞
广善库员外郎	臣	苏泰
员外郎	臣	德成格
主事	臣	永福
主事	臣	佟吉图
吏部笔帖式	臣	白保住
礼部笔帖式	臣	福禄
兵部笔帖式	臣	吉而赛
刑部笔帖式	臣	而格
笔帖式	臣	苏而度
笔帖式	臣	唐艾
工部笔帖式	臣	察补护
都察院笔帖式	臣	能格
笔帖式	臣	瓦而过
笔帖式	臣	刘住
笔帖式	臣	刘思
笔帖式	臣	刘一元
户科笔帖式	臣	与图
礼科笔帖式	臣	瓦洪泰
刑科笔帖式	臣	腾格

对看喇嘛：

章家胡图图

住持喇嘛　王舒克津巴格隆

住持喇嘛　罗卜臧巴而柱格隆

德睦齐罗卜臧那木渣格隆

敦鲁布拉布淡兰占霸

错而秦臧布兰占霸

旦巴赛而济格隆

大清康熙三十九年四月吉日刊成

总理监修大藏经：

和硕裕亲王臣福全

监修官：

内阁侍读学士食二品俸加四级	臣	乌拉代
宗人府右司掌印理事官加一级	臣	觉罗舜拜
理事官加一级	臣	觉罗李历马
工科掌印络事中加二级	臣	雅齐纳
都察院监察御史加一级	臣	伊拉哈
监察御史加三级	臣	耿额
兵部郎中	臣	图把什希
内阁撰文中书加一级	臣	华色
宗人府六品笔帖式加一级	臣	胡温哲
七品笔帖式加二级	臣	常保
都察院七品笔帖式	臣	锅密达

笔帖式　　臣　纳颜泰

兵部七品笔帖式加二级　　臣　吴兰

校阅经字喇嘛：

总管京都喇麻班第查萨克大喇麻　墨尔根绰尔济

总管京都喇麻班第查萨克大喇麻番文总教习

索诺穆绰尔济

番文副教习官食四品俸　　臣　石头

对读经字喇麻：

根敦达而扎格龙

罗卜藏拜尔济格龙

索诺穆林亲格龙

罗卜藏鲁雷格龙

阿瓦僧格格龙

罗卜藏混格格龙

罗卜藏巴尔诸利格龙

寸尔亲木藏般格龙

旦木巴喇喜格龙

罗卜藏喜洛格龙

萨木旦林亲格龙

金木巴巴尔诸利格龙

罗卜藏崔扎尔格龙

林亲索诺木格龙

崔而奇木巴而叭利格龙

崔尔奇木云旦格龙

崔而奇木喇喜格龙

格勒克林亲格龙

喇喜林亲格龙

阿王金木巴格龙

旦木巴喇穆旦格龙

阿王金木巴格龙

藏般崔尔奇木格龙

罗木藏作德叭格龙

云旦林亲格龙

盆素林亲格龙

罗卜藏丹达利格龙

金木巴索诺木格龙

业喜巴尔诸利格龙

崔木拍尔藏般格龙

喇喜达尔扎格龙

索诺木尖山格龙

崔木拍尔藏般格龙

罗卜藏达尔格龙

藏般尖山格龙

罗卜藏泥马格龙

索诺木尊雷格龙

喇喜藏般格龙

尊雷林亲格龙

罗卜藏拍尔雷格龙

番文官学生多尔济

校阅序目录官：

内阁侍读学士加三级	臣	丹代
内阁侍读学士食三品俸加二级	臣	拜礼
内阁侍读学士食三品俸加六级	臣	翁英

翻译番字序目录官：

番文副教习官食四品俸	臣	石头

翻译汉字目录官：

内阁撰文中书	臣	武熙布
内阁撰文中书	臣	登德

翻译蒙古字序目录官：

内阁办事中书加二级食六品俸	臣	喇睦璋
内阁办事中书加一级食六品俸	臣	黑钧

满文誊录官：

内阁办事中书加四级食五品俸	臣	伊巴礼
内阁撰文中书	臣	增寿
内阁撰文中书	臣	禅布

蒙古文誊录官：

内阁办事中书	臣	韶构

汉文誊录官：

内阁办事中书加一级　　　　臣　　曹贞吉

内阁办事中书　　　　　　　臣　　王启沃

番文誊录官：

罗卜藏鲁雷格龙

罗卜藏拜尔济格龙

索那木林亲格龙

此《序》和目录译成了藏、蒙古、满三种文字，与汉文同附在每一套《甘珠尔》中。此版本通称为《甘珠尔》北京版。

此《甘珠尔》之编序是：1）密续类 24 函；2）般若类 24 函；3）宝积类 6 函；4）华严类 6 函；5）经藏类 32 函；6）律经类 13 函等。

(5)《甘珠尔》卓尼版

藏历第十二饶迴火猴年（1716 年），第十一世安多卓尼土司玛索贡布进京觐见康熙皇帝回到卓尼后，遵照其父洛桑邓珠与母罗桑措，及夫人冬巴·曼香等的意愿下令刊刻《甘珠尔》。为顺利完成刊刻工作，从土司府和卓尼禅定寺抽调人员组成刊刻藏经的管理机构。由土司方委派桃老巴总负责，总管昂贝旭与多吉朗迴、嘉噶尔焦及管家班琼、秘书鲁奔等为助理；寺院方委派客堂负责人噶居巴·阿旺朗甲与比丘阿旺桑珠、阿旺坚赞、洛卓嘉措、降央道登等负责管理工作。于康熙六十年（1721 年 6 月 4 日）开展《甘珠尔》的刊刻工作。经过十年的努力，于雍正九年（1731 年）圆满完成刊刻工作。据说，刊刻《甘珠尔》支出费用共计白银一万七千五百二十五两。

主要由土司玛索贡布与夫人冬巴·曼香，长子索南钦培，次子绛央诺布、三子洛桑旺觉尔、四子洛桑登必坚赞等出资奉献刻经费用。此《甘珠尔》是以《甘珠尔·永乐版》、《甘珠尔·丽江版》、《甘珠尔·卫藏手抄本》等为蓝本，由扎巴谢珠格西主持刊刻，并为《甘珠尔》编写目录，名为《甘珠尔·卓尼版目录——清晰明镜》。参与编辑和核对《甘珠尔》的还有阿旺成乃嘉措和洛桑登必坚赞、洛桑嘉措等十多位格西。此版本全套共108函，供奉在卓尼禅定寺，故称为《甘珠尔·卓尼版》。（据悉此版本的印板在藏历第十六饶迥土蛇年，1929年，甘肃军阀马仲英率部入侵卓尼期间被烧毁，今在北京广济寺的多宝殿、山西五台山十方堂的弥勒殿及甘肃省甘南藏族自治州若尔盖麦玛乡贡扎寺各藏有一套印本。另外，据悉美国国会图书馆、日本东京图书馆、外蒙及俄罗斯等国家也收藏有此版本。）此《甘珠尔》之编序是：1）密续类24函；2）经藏类32函；3）般若类26函；4）宝积类6函；5）华严类6函；6）律经类13函等。

（6）《甘珠尔》那塘版

藏历第十二饶迥（18世纪初），第六世达赖喇嘛仓央嘉措考虑到当时在卫藏地区还没有甘珠尔印板，故命第司·桑结嘉措主持，以《甘珠尔·蔡巴手抄本》为底本，开始刊刻《甘珠尔》。刊刻工作进行到第七年，刻制到《大般若经》等二十八函时，由于六世达赖被送往内地、第司·桑结嘉措被拉藏汗之妻毒害等原因，刊刻工作被迫中止，其后虽有拉藏汗、达则夏仲·拉甲绕登及巴鲁图·索朗甲布等主持续刻，但仍未能完成。直到藏历第十二饶迥铁狗年（1730年），郡王颇罗鼐·索朗道吉主持续刻，于1731年完成，全套共计101函。俄喀勒隆活佛·洛桑成烈撰写了名为《甘珠尔目录——三界严饰神变车乘·稀有庄严海会钥匙》之目录。颇罗鼐将印板献给第五世班禅·洛桑益西，供奉在那塘寺，故称为《甘珠尔·那塘版》。20世纪60年代“文革”期间，此印板多数被毁，现仅剩有一小部分。现在此版的印本在布达拉宫和印度新德里各藏有一套。此《甘珠尔》之编序是：1）律经类13函；2）般若类21函；3）宝积类6函；4）华严类6函；5）经藏类31函；6）涅槃类2函；7）密续类21函；8）增补类1函等。

(7)《甘珠尔》德格版

藏历第十二饶迥土鸡年（1729年），康藏第四十二代德格土司登巴泽仁作施主，大学者司徒·曲吉穹勒担任主校，以《甘珠尔·丽江版（理塘版）》和噶·阿年胆巴·贡噶扎巴（曾任元仁宗的国师）之誓愿修供所依之《甘珠尔》手抄本以及《甘珠尔·洛隆手抄本》等为主之可信的诸古籍珍本作为蓝本，开始刊刻《甘珠尔》，历时五年，于藏历水牛年（1733年）完成，全套共计103函，司徒·曲吉穹勒为此编写了名为《佛语部所译藏文之一切典籍刊印话语·全面开启智慧花蕾之清凉月光》之目录，供奉在德格能珠顶印经院内，故称为《甘珠尔·德格版》。此版错字很少，编序整齐，发行量广，被公认为《甘珠尔》的规范刻本，全套印板至今保存完好，仍在印刷流通。此《甘珠尔》之编序是：1）律经类13函；2）般若类21函；3）华严类4函；4）宝积类6函；5. 经藏类32函；6）密续类20函；7）陀罗尼集类2函；8）《时轮续释——无垢光》1函；9）旧译宁玛密续类3函等。

(8)《甘珠尔》然甲版

藏历第十四饶迥木狗年（1814年），安多然甲噶登扎西迴勒寺的第一世辛萨呼图克图·洛桑达吉嘉措活佛作施主并主持，以《甘珠尔·德格版》为蓝本，开始刊刻《甘珠尔》，历时六载，于藏历铁龙年（1820 年）完成，共计 103 函。供奉在该寺《甘珠尔》殿中，通称为《甘珠尔·然甲版》。第七世班禅·登必尼玛为此版本编写了名为《佛语部所译藏文一切典籍刊印目录——开启显密诸门之钥匙》目录。其印板在“文革”期间被毁，现在安多地区尚有少量的印本。此版本之编序与上述德格版《甘珠尔》相同。

(9)《甘珠尔》库伦版

藏历第十五饶迥末（20 世纪初），蒙古人民共和国之大库伦寺以德格版《甘珠尔》为蓝本，另参照汉地之两种《甘珠尔》版本（可能是永乐版和北京版）开始刊刻《甘珠尔》，但因种种违缘未能完成。后来第八世哲布尊丹巴·阿旺洛桑·曲吉尼玛·丹真旺旭活佛和额尔德尼·切苍诺云·邓珠娜姆下令刊刻《甘珠尔》，并赐白银一万一千两作为刊刻费用。在此基础上，由白玛多吉管家为主之大库伦寺的执事人员们和喀尔喀四部落之诸汗、亲王等僧俗大众捐助资金，复于 1908 年开始续刻，由班智达·阿旺群觉邓珠与丹增松等博通五部大论的百余位格西担任校对，由纠察师席达·洛桑与噶居·平措等数十位僧人管理刊刻事务。依靠僧俗大众历时三年的努力，于 1910 年圆满完成。第八世哲布尊丹巴活佛编写了名为《甘珠尔目录——圣教瑞兆广传十方之海螺妙音》之目录。全套共计 103 函。因印板供奉在蒙古大库伦寺，故称为库伦版。据调查，此版本的印板现已不存在，在莫斯科大学和荷兰的雷登大学各藏有一套印本。此《甘珠尔》之编序是：1）律经类 13 函；2）般若类 21 函；3）华严类 4 函；4）宝积类 6 函；5）经藏类 32 函；6）新译经藏类 1 函；7）密续类 20 函；8）旧宁玛密续类 3 函；9）陀罗尼集类 2 函；10）《时轮续释——无垢光》1 函等。

(10)《甘珠尔》拉萨版

藏历第十五饶迥铁猴年，（1920 年），止贡郭觉活佛·额邓登真曲杰旺布向十三世达赖喇嘛·图登嘉措禀报：现今《那塘版·甘珠尔》印板已很陈旧，破损严重，然而《甘珠尔·理塘版》和《甘珠尔·德格版》在卫藏地区很少见到，故祈请在卫藏地区新刻《甘珠尔》印板，并捐1075秤白银作为刊刻印板之基金。达赖欣然应允并下令云：在僧俗大众捐献的刊刻资金的基础上，其余日常所需由西藏地方政府提供。于是以《甘珠尔·那塘版》和《甘珠尔·江孜腾邦手写本》、《甘珠尔·德格版》等来源可信的《甘珠尔》作为蓝本，开始刊刻《甘珠尔》。刊刻工作开展不久，因止贡郭觉活佛和十三世达赖喇嘛先后圆寂，刻版工作一度中断，其后又在摄政王第五世热振活佛·图登降白益西登必坚赞与十三世达赖之兄、政务大臣贡噶旺秀主持下，由侍读经师达扎活佛·阿旺松绕图道登必坚赞和色麦甲旺活佛·阿旺登真曲杰坚赞及喜绕嘉措格西、侍读经师·查智阿旺洛桑、色谢·乌多活佛·向巴确邓、比丘图登松绕、卓尼·洛桑嘉措格西等担任校对，于1934年完成，全套共计100函。达扎活佛和色麦·甲旺活佛编写了名为《本师释尊佛语译成藏文之所有经典目录——瞻洲共有财宝·善说幻化钥匙》之目录。其印板供养在布达拉宫下面的雪印经院中印刷流通，故称为《甘珠尔·拉萨版》，亦称为《甘珠尔·雪印经院版》。此版本字体大而清晰，虚词与分句符号的用法极为严谨，符合文法规则，错字极少，在卫藏和安多等地区普及较广。全套印板现存西藏佛教协会甘珠尔印经院，仍在印刷流通。此版本之编序是：1）戒律类13函；2）般若类21函；3）华严类6函；4）宝积类6函；5）诸经类30函；6）涅槃类2函；7）密续类18函；8）旧译密续类3函。

(11)《甘珠尔》瓦然版

藏历第十五饶迥末（20世纪初），康藏德格土司所属领地金沙江西岸瓦然寺的住持当曲登巴主持，参照德格版《甘珠尔》为蓝本，刊刻《甘珠尔》，刊刻时将德格版大长条一函改为中长条二函，全套共计206函。印板供奉在瓦然寺，故称为《甘珠尔·瓦然版》。此套印板在“文革”期间被毁。此版本之编序是：1）律经类26函；2）般若类42函；3）华严类8函；4）宝积类12函；5）诸经类64函；6）密续类40函；7）陀罗尼集类4函；8）《时轮续释——无垢光》2函；9）旧译宁玛密续类6函等。

（12）《甘珠尔》昌都瑶苍版

藏历第十六饶迥火牛年（1937年），遵照扎雅·大成就者降央洛卓桑布之嘱，昌都地方长官瑶苍·洛桑贡确和夫人德庆卓玛（德格土司之女）作施主，以《甘珠尔·拉萨版》为蓝本，开始刊刻《甘珠尔》，历时十四年，于1950年完成，全套共计101函。印板供奉在昌都降巴林寺瑶苍甘珠尔殿中，故称为《甘珠尔·昌都瑶苍版》。扎雅堪布·栋巩活佛编写了目录。此版本的印板亦在“文革”期间被毁。

另，藏历第十四饶迥铁马年（1830年）时，尊波·诺门汗第四世活佛降白曲杰登真呈列所著《世界广说——情器普照明镜》之有关昌都篇中写到“当今新刊刻有一套《甘珠尔》”；又，大学者才旦夏茸所著《佛教历史年谱》中说：“藏历第十一饶迥水猪年（1683年），昌都开始刊刻《甘珠尔》”。根据以上记载，可以说在《甘珠尔·瑶苍版》之前，在17世纪末和19世纪中叶在昌都地区曾两次刊刻《甘珠尔》，因无详细资料，故待进一步考证。

以上藏文《甘珠尔》刻本共有十二种。

《甘珠尔》诸版本简表

版本名称	主持刊刻者	刊刻地点	刊刻时间	函数
《甘珠尔》永乐版	明永乐皇帝朱棣	南京灵谷寺	1410 年	105
《甘珠尔》万历版	明万历皇帝朱翊钧	北京	1594 年	106
《甘珠尔》丽江版	丽江土司噶尔玛·弥旁泽旺索朗绕登	丽江	1608 至 1621 年	109
《甘珠尔》北京版	和硕裕亲王与章嘉呼图克图	北京嵩祝寺	1684 至 1700 年	107
《甘珠尔》卓尼版	卓尼土司·玛索贡布	安多卓尼寺	1721 至 1731 年	108
《甘珠尔》那塘版	第司·桑吉嘉措与颇罗鼐郡王等	后藏那塘寺	第六世达赖时期至 1731 年	101
《甘珠尔》德格版	德格土司登巴泽仁	德格	1729 至 1733 年	103
《甘珠尔》然甲版	辛萨呼图克图·洛桑达吉嘉措	然甲寺	1814 至 1820 年	103
《甘珠尔》库伦版	哲布尊丹巴·阿旺洛桑·曲吉尼玛·登真旺旭	库伦寺	1908 至 1910 年	103
《甘珠尔》拉萨版	止贡郭觉活佛与达扎活佛等	拉萨雪印经院	1920 至 1934 年	100
《甘珠尔》瓦然版	当曲登巴喇嘛	德格瓦然寺	20 世纪初	206
《甘珠尔》昌都瑶苍版	昌都地方长官瑶苍·洛桑贡确与夫人德庆卓玛	昌都降巴林寺	1937 至 1950 年	101

2. 《丹珠尔》刻本之产生

(1)《丹珠尔》北京版

藏历第十二饶迥木龙年（1724 年），按清雍正皇帝之命，在北京嵩祝寺开始刊刻《丹珠尔》，历时十五载，于藏历第十二饶迥土虎年（1738 年，即乾隆三年）完成，全套共计 225 函。此版本是最早的《丹珠尔》刻本，参照的蓝本是《丹珠尔·第司手抄本》，目录也是按第司手抄本照刻，未另编目录。印板收藏在北京皇宫内，故称为《丹珠尔·北京版》或《丹珠尔·乾隆版》。

1900 年八国联军入侵北京时，印板被毁。在北京雍和宫收藏有此《丹珠尔》一套，藏历第十五饶迥末，在第十三世达赖图登嘉措与察绒巴·达桑占堆二位帮助下，将此北京版《甘珠尔》和《丹珠尔》各一套迎请到日本东京大谷大学，1955 年至 1958 年，日本大谷大学和藏文大藏经研究所把《甘珠尔·北京版》和《丹珠尔·北京版》影印、合编并装订成十六开精装本（共 151 册），发行到很多国家和地区。

此《丹珠尔》之详细编序是：1）礼赞类 1 函；2）密续之时轮类 5 函；3）密续之胜乐类 9 函；4）密续之喜金刚类 8 函；5）密续之金刚四座类半函；6）密续之大幻化类半函；7）密续之金刚甘露类半函；8）密续之佛颅骨类半函；9）密续之佛平等合类 1 函；10）密续之度母等类 1 函；11）密续之密集类 16 函；12）密续之阎摩敌类 1 函；13）以无上部密续诠释文殊真实名经类半函；14）密续之大乐独髻等类半函；15）以无上部密续诠释金刚手续类 1 函半；16）宣示无上密续总的见修行之类 3 函；17）瑜伽续摄真实性与吉祥本初最胜及幻化网等类 9 函；18）以瑜伽部诠释文殊真实名经类 3 函半；19）一切秘密与净治三恶道等类 2 函半；20）行续之类 2 函；21）事续之类 4 函；22）与四部密续有关之修法和坛城等类 2 函半；23）宣示三藏与密续之立论及密乘誓言等类半函；24）初学者之修行次第与护法及财神、吉祥颂等类半函；25）增补之有关灌顶与能解脱之生圆二次第之支分常用等类 14 函；26）般若类 16 函；27）中观类 17 函；28）末转法轮诸经藏之论疏类 10 函；29）大乘唯识类 18 函；30）初转法轮类 29 函；31）本生传类 3 函半；32）各种书翰类半函；33）因明类 21 函；34）声明类 2 函；35）医方明类 5 函；36）工巧明类半函；37）共同之世间道德论类半函；38）诸旧目录中登载之藏族先哲们所著各种论著类 4 函；39）新增补之显宗与其他诸学科之诸论著类8函半；40）新增补之藏族先哲们所著论著类半函；41）共同之发愿与回向类半函等。

（2）《丹珠尔》那塘版

藏历第十二饶迥铁鸡年三月二十七日（1741年），总管藏政的郡王颇罗鼐·索朗道吉主持，开始刊刻《丹珠尔》，仅历时一年零七个月二十五天，于藏历水狗年十月二十五日（1742年）完成，全套共计225函，供奉在那塘寺，故称为那塘版。此版本所参照的蓝本是《丹珠尔·第司手抄本》。普布觉·阿旺向巴为此版本编写了名为《佛教论典所译藏文目录——吉祥梵音》之目录。

遵照颇罗鼐郡王之旨令，刊刻此版本的施主主要由南方不丹首领承担。据统计刊刻此版本先后支出费用达白银七万二千一百六十二两五钱，折合成粮食计一百四十五万七千二百五十藏克①。此版本是刻版工期最短的《丹珠尔》刻本，印板在“文革”期间被毁，在后藏那塘寺仅剩有数百页的印板。北京广济寺和拉萨布达拉宫等处收藏有此印本。1995年西藏佛教协会策墨林活佛和达扎活佛二位主持，在尼木县组织刻板工匠重新刊刻《丹珠尔·那塘版》，现已完成一百多函，此《丹珠尔》之编序和函数与上述之北京版相同。

（3）《丹珠尔》德格版

藏历第十二饶迥火蛇年（1737年），康藏德格第四十二代土司登巴泽仁遵照萨迦派鄂日寺第三十任法台鄂钦·多杰羌·降央扎西伦珠的谆嘱，主持刊刻《丹珠尔》，刊刻时主要参照了大元帝师八思巴的弟子噶·阿尼胆巴和司徒·曲吉迥乃主持缮写的《丹珠尔》以及历代噶玛巴活佛供奉的誓愿所依《丹珠尔》、土司主持用银汁书写的《丹珠尔》等多种《丹珠尔》手抄本，并增补了新收集到的经典。刻

① 西藏的计量单位名称，每藏克约14公斤。

到第七函时，土司逝世，其子贡噶成烈嘉措主持继续刊刻，历时七载，于藏历第十二饶迥木鼠年（1744 年）完成，共计 209 函。由大学者楚逞仁钦担任主校并编写了名为《解释所译藏文之遍知日亲之教敕密意论典·无尽法施，稀有幻化本源，以圆满贤劫福德祥云弥布之相而作叙述——增上殊胜海潮之新月》之目录。后来补刻了杂部四函和目录一函，全套共计 213 函。印板供奉在德格印经院印刷流通，故称为《丹珠尔·德格版》。

此版本具有收录的法部数量比其他版本较完整、错字极少、编序井然、版面美观、佛像插图精致、文字清晰优美等诸多特点，体现了精湛的藏族雕刻工艺，使阅读者生起欢喜，爱不释手，故在藏地发行较广。据传此版本最初是用朱砂印刷，后因朱砂价格较昂贵，除第一函礼赞部用朱砂印刷外其余函部均改为墨汁印刷。全套印板现收藏在德格印经院，仍在印刷流通。

此《丹珠尔》之编序是：1）礼赞类 1 函；2）喜金刚类 9 函；3）时轮类 5 函；4）胜乐总摄轮类 9 函；5）金刚四座类半函；6）大幻化续类半函；7）金刚甘露类半函；8）吉祥佛颅骨类半函；9）吉祥佛平等和合类 1 函；10）圣救度母等类 1 函；11）大瑜伽方便类 17 函半；12）阎摩敌类 2 函半；13）以无上部传规解释《文殊真实名经》类半函；14）大乐独髻类半函；15）以无上部传规解释金刚手续类 1 函半；16）无上密续总的密意解释类 3 函；17）摄真实性瑜伽和幻化网续等类 9 函；18）瑜伽续宣示《文殊真实名经》类 3 函半；19）一切秘密与净治诸恶趣续 2 函半；20）毗卢遮那等行续类 2 函；21）事续之类 4 函；22）与四部密续有关的修法和陈设坛城等类 3 函半；23）宣示四部密续立论与密乘誓言等类 1 函；24）朝拜圣地之指南与祈祷文类半函；25）宣示现证般若佛母要义之论

著类11函；26）宣示般若波罗蜜多要义之论著类5函；27）诠释般若波罗蜜多密意之中观类17函；28）诸经之论疏类10函；29）抉择唯识见之论疏类16函；30）宣示增上慧学论藏密意之论疏类9函；31）宣示增上定学经藏密意之论疏类2函；32）宣示增上戒学律藏密意之论疏类18函；33）各种本生传类4函半；34）各种书翰类1函半；35）因明之论疏类20函；36）声明之论疏类6函；37）医方明之论疏类5函；38）工巧明之论疏类半函；39）世间道德论类半函；40）藏族大学者们著作珍本类3函半；41）新增补之显宗与其他诸学科各种诸论著类半函；42）回向发愿与吉祥颂等类半函等。

（4）《丹珠尔》卓尼版

藏历第十三饶迥水鸡年（1753年），卓尼土司降央洛布之妻仁钦巴宗和其子（第十四世卓尼土司）登松泽仁母子作施主，以德格版《丹珠尔》为蓝本，开始刊刻《丹珠尔》，历经二十载，于藏历第十三饶迥水龙年（1772年）完成，全套版本共208函。藏历水蛇年（1773年），第二世嘉木样·协巴·贡确吉麦旺布活佛为此刻本编写了名为《所译善逝教敕密意之解释藏文论典刊刻纪实说真实语——如意宝鬘》目录。负责校对工作的有博通五明的经师阿旺达吉为首的十多位格西。还有洛桑坚赞等五十余名擅长书写藏文楷书的学者，缮写印板之底稿。由画师班觉嘉措等绘制印板之佛像插图。

卓尼版中当时还缺礼赞部一函，藏历第十四饶迥土鸡年（1849年），经贡塘·登必卓麦活佛下令、万芒·贡确坚赞活佛敦促，由觉若·贡确登增主持，以《丹珠尔·那塘手抄本》为蓝本，补刻了礼赞部一函，此版本中没有德格版中后来补刻的杂部四函，卓尼版中全套共计209函。印板供奉在卓尼禅定寺，故称为卓尼版。此版本之目录中记载：遵照卓尼土司母子之令，组织了管理和校对及缮写经板文字、绘制佛像插图、雕刻、木工、制墨、造纸等四百多名人员参与此项工作。先后开支折合白银一万九千一百三十七两七钱七分。藏历第十六饶迥土龙年（1929年），甘肃军阀马仲英率军队入侵卓尼时，烧毁了《丹珠尔·卓尼版》全套印板。据调查，现在只有甘肃拉卜楞寺收藏有一套此版本。如上所述，此《丹珠尔》是参照德格版而刊刻的，其编序与德格版大体相同。

以上《丹珠尔》的刻本共有四种。

《丹珠尔》诸版本简表

版本名称	主持刊刻者	刊刻地点	刊刻时间	函数
《丹珠尔》北京版	清雍正与乾隆皇帝	北京嵩祝寺	1724至1738年	225
《丹珠尔》那塘版	颇罗鼐索朗道吉	后藏那塘寺	1741至1742年	225
《丹珠尔》德格版	德格土司登巴泽仁父子	康藏德格	1737至1744年	213
《丹珠尔》卓尼版	卓尼土司登松泽仁母子	安多卓尼	1753至1772年	209

（三）石刻《藏文大藏经》之产生

早在远古时代，雪域藏地的先民们为了互相传递信息、记录备忘，就开始在石头或木头上刻制图纹和文字。藏地的原始宗教苯波教的教徒们，为了教法长久住世或祈福消灾，就有了将一些经咒和佛像刻制在石头上的习俗。公元7世纪佛教传入藏地后，寺庙的僧人和信教群众为祈祷佛法常住、众生安乐、消灾祈福、积资忏罪、超度亡灵等善行，开始在石头上刻制经咒、佛像等，并把这些石块堆积在一起，称为“朵崩”（藏语意为石刻经咒堆），供广大佛教信众绕行礼拜。

在藏地，这种石刻经咒堆有很多，大小不等，石块的数量从数千块至数万块或数十万块，是经数十年或数百年逐渐积累形成的。随着石刻经咒的发展，佛教信众们开始把《金刚经》和《心经》、《贤劫经》、《般若八千颂》、《圣大解脱经》及《般若十万颂》等经典刻在石头上，进而形成把全套《甘珠尔》或《丹珠尔》刻在石头上的习俗。现将有关石刻经咒的地方简介如下：

1. 邦妥石刻《甘珠尔》

在四川省阿坝藏族自治州壤塘县邦妥佛塔旁有两套石刻甘珠尔和其他石刻经文共十多万块，据说刻于明代，由60多名匠人花了9年时间才完成的。此石刻堆聚高约9米、宽13米、长46米，占地598平方米，是藏地最早的石刻《甘珠尔》。

2. 石渠巴格石刻《甘珠尔》、《丹珠尔》

藏地最大的石刻经咒堆应推康藏石渠县巴格石刻经咒堆，藏名为“巴格多崩”。据《石渠巴格石刻经咒堆简介》中记载：藏历第十二饶迥末（18世纪初），有一位名叫巴格喇嘛·桑登平措的高僧，来到石渠县西面名叫扎玛莫塘的地方，在草地上休息时，听见虚空中传来六字大明咒之声，他感受到是观世音菩萨的加持，于是对观世音菩萨生起无比敬信。当时他遇见一位手捧着一块刻有六字大明咒的石头的行人，觉得这是很殊胜的缘起，于是用自己所骑白骡换得这块刻有经咒的石头。以刻有经咒的石块作为基础，他在那里开始刻制经咒，逐渐在那个地方建起了经咒石堆，即形成了最初的扎玛莫塘石刻堆。巴格喇嘛·桑登平措圆寂后，他的灵塔就建在石堆旁。他的转世活佛于1808年诞生，即著名佛学大师巴珠·居麦曲杰旺布，通称为扎·巴珠活佛。他为宏扬佛法，终生勤于宣讲佛法、辩证教理、撰写论典，同时将信众的所有供养用于续刻经咒，使石刻经咒堆聚增大。巴珠活佛圆寂后，灵塔同样建在石刻堆旁。其转世活佛巴珠·朗喀居麦又主持续刻经咒，增大了石刻堆。其后，朗喀居麦之转世岗夏·曲尼多吉活佛主持刻制了一套石刻《甘珠尔》和很多经咒，增补在原来的石刻堆上，并在石堆周围建造了八大佛塔。此经咒石堆后在“文革”期间受到严重破坏。70 年代末拨乱反正后，宗教信仰得到自由，降村绕绛活佛发心出资 17 万元，刻制经咒，恢复石堆，建造经堂佛塔。其后又有根呷活佛主持补刻经咒和静猛百尊像等。1999—2008 年，阿贡活佛出资 150 万元，以德格版《甘珠尔》为底本，刻制《甘珠尔》及其佛像插图一套。由于历代巴珠活佛和诸大德的悲心宏愿及信众的积极参与，经过二百多年刊刻增补，巴格石刻堆成为由数十万块石刻经咒组成，长 3000 多米、宽 4 米、高 2 米的宏伟大石刻堆，颇为壮观和殊胜，堪称藏文石刻世界之最，是五浊时代众生福祉所依的圣地。

3. 泽库石刻《甘珠尔》和《丹珠尔》

在青海省泽库县名叫俄色特确曲林（和日寺）的一座宁玛派寺庙中，藏有两套石刻的《甘珠尔》和一套石刻《丹珠尔》。此石刻藏经是在藏历第十六饶迥火牛年（1937 年），该寺住持居麦益西宁波活佛倡议，附近的霍尔四部落与夏章六部落等信众捐资，开始在石板上刻制大藏经，历经十五年完成两套《甘珠尔》和一套《丹珠尔》，共有 20 多万张；另还有石刻长寿三尊和三怙主及三十五佛、二十一尊度母、无量光佛、空行母、白伞盖佛母、八大佛塔、八大菩萨、十六尊者、八十大成就者、二胜六庄严、师君三尊、莲师八相、王臣二十五尊、历代大圆满上师，索、斯、努三位大师，龙钦巴与居麦岭巴、萨迦五祖、玛尔巴与两大弟子、宗喀巴三师徒等佛菩萨及诸大德圣像石刻四千多张。该石刻堆聚高 3 米、宽 2.5 米、总长近 300 米，在藏区各种石刻藏经中，此石刻藏经也很著名。后在“文革”期间受到严重破坏，现已残缺不全。近年来，居麦益西宁波之转世活佛白噶尔·钦必旺旭承担起补刻大藏经的重任，正在努力进行之中。

4. 本戈尔石刻《甘珠尔》

在青海省果洛藏族自治州本戈尔地区有一套石刻《甘珠尔》，是 20 世纪初由当地部落首领瓦须·曲君贡波主持刻制的。

5. 达塘寺石刻《甘珠尔》

在果洛藏族自治州达塘寺也有一套石刻《甘珠尔》（年代不详），现仍完整无缺。

6. 多芒寺石刻《甘珠尔》

藏历第十六饶迥木马年（1954 年），四川省甘孜藏族自治州炉霍县洛柯马乡多芒寺益西多吉活佛主持，当地首领泽仁温交、瓦须巴钦及信众出资，刻制了一套石刻《甘珠尔》，当时刻制一页藏经的工钱为一枚银元。刊刻完成数年后，在政治运动期间，石刻受到破坏，现已修复。

7. 达柯石刻《甘珠尔》

藏历第十六饶迥铁猴年（1980 年），四川省甘孜藏族自治州甘孜县格则达柯地区的白玛多吉活佛主持，当地信教群众捐资，刻制了石刻《甘珠尔》一套。

8. 亚底石刻《甘珠尔》

藏历第十六饶迥水狗年（1982 年），在四川省甘孜藏族自治州德格县之名叫亚底根达的地方（原岭仓部落），当地群众出资石刻一套《甘珠尔》，历时一年完成。现完整无缺。

9. 达日县崖刻《甘珠尔》

藏历第十七饶迥（20 世纪 80 年代末），果洛藏族自治州达日县建设乡一位名叫喇嘛降泽的出家人，组织工匠在山岩上刊刻《甘珠尔》，已进行 10 多年，现仍在刊刻。

10. 大章寺石刻《甘珠尔》

四川省甘孜藏族自治州色达县境内的大章寺有一套石刻《甘珠尔》，“文革”期间受到严重破坏，后由丹真汪加活佛主持修复，并增刻一套《甘珠尔》，现共有两套石刻《甘珠尔》。

11. 药王山石刻《甘珠尔》

藏历第十七饶迥木猪年（1995 年），藏历氐宿月初十，由多登达瓦喇嘛以祈愿众生福德和利乐之源佛教正法长久住世、一切众生离苦得乐作为清净发心之缘起，在松赞干布时期于岩石上雕刻有千佛像之拉萨药王山，主持开始石刻诸佛菩萨语密之所依《甘珠尔》；同时还开始刊刻《甘珠尔》佛像插图 216 幅与静猛本尊会众、善逝三十五佛、二十一尊圣救度母、印度八十大成就者、十六尊者、莲师八相、王臣二十五、萨迦五祖、噶举三祖、宗喀巴三师徒等诸圣者身像，共计数百幅石刻图像作为诸佛菩萨身密之所依；并将石刻经文和佛像以及各种珍宝、六妙药等各种药材、五谷等物品堆聚成一座大塔，以象征诸佛菩萨意密之所依。据多登达瓦喇嘛说：到目前为止，建造这座诸佛菩萨三密所依之殊胜大塔已支出十方信众捐资700多万元，此项工程现已圆满完成。

12. **木桑卡多石刻《甘珠尔》**

果洛木桑卡多石刻大藏经《甘珠尔》是由班玛香曲堪布组织刻制，始刻于藏历第十七绕迴木鸡年（公元2004年）6月，于藏历铁兔年（2011年）7月大藏经《甘珠尔》刻经圆满完成。此石刻大藏经，位于青海省果洛州甘德县江千木桑卡多，石材取自离木桑卡多十多公里处的本沃宝藏石山，石板大多不用划开自然成形，刻字清晰，受到刻石匠人称赞。大藏经以德格版《甘珠尔》为蓝本，首先雕刻了经部《贤劫经藏》，然后依次雕刻了《律部》、《经藏》、《般若经》、《续部》等，此外还雕刻了佛祖三尊、四十二尊寂静佛菩萨和五十八尊怒相佛菩萨。整个石刻大藏经的长度为55米，宽度为5米。

除上述诸石刻《甘珠尔》与《丹珠尔》外，在雪域佛教圣地尚有西藏吉绒地区石刻大藏经与青海天峻县甘珠尔乡之石刻《甘珠尔》等很多部石刻大藏经。

如上所述，自公元7世纪中期佛教传入藏地以来，历代王臣及广大藏族群众都普遍信仰佛教。以祖孙三代法王为主的历代赞普和地方首领、大活佛、寺庙或富裕人家，为了祈求国泰民安、培积福德、忏悔罪业、祈求大德长久住世以及超度亡灵等，形成了以缮写和供奉或诵读《甘珠尔》之习俗。首先在吐蕃时期开始有历代赞普作施主缮写《甘珠尔》中之《般若十万颂》称为“拉奔”，其后逐渐发展成缮写《甘珠尔》，从15世纪初起就逐渐有木刻本《甘珠尔》和《丹珠尔》，其后还出现很多石刻的《甘珠尔》和《丹珠尔》。受藏传佛教影响的汉地、外蒙古，以及不丹、锡金等地，也逐渐流行缮写或刊刻藏文大藏经。这样就产生了很多金、银、墨书写的《甘珠尔》、《丹珠尔》手抄本和上述十六种木刻本，以及很多石刻的《甘珠尔》和《丹珠尔》。

四身枝壮盛开十力花，
六度叶茂双运蜜精盛，
二资根茎慈悲遍滋润，
佛陀如意宝树极微妙！

可怖轮回茫茫原野中，
业及烦恼逼迫诸众生，
消除难忍诸苦唯佛法，
宛如甘露妙云无上殊。

迎请佛教犹如朝霞艳，
美饰雪域文化虚空境，
如同熙日历代论译师，
恒常忆念诸尊大恩德。

迎请如同旭日圣佛法，
明照具缘雪域虚空界，
祖孙三尊事业如曙光，
最初随缘开启殊胜门。

依于译师慈悲之车乘，
从于圣地佛法宝库中，
迎请无上圣深微妙法，
利乐具缘雪域诸众生。

巴则、确吉宁波等译师，
编撰所译藏经及论典，
卷数法部名称之目录，
最初汇集法宝藏经论。

其后历代王臣论译师，
传译修订新旧诸译稿，
缮写经文论典诸伟业，
宏扬圣教如同春潮兴。

释尊佛语以及其论典，
刊印所译经论广流布，
普及具缘雪域诸藏区，
成办利乐众生珍宝源。

秉承善说佛语论典义，
奉行刊印流布伟事业。
具大敬信福祉功德力，
赞叹护法君王诸大德。

彻底拔除轮回诸痛苦，
能赐无上利乐甘露源，
浊世众生幸遇圣佛教，
获享如意至宝诚稀有！

（以上为此段内容结尾之偈颂）

第四章　《藏文大藏经》简要内容与分类、编序等

一、《甘珠尔》和《丹珠尔》之简要内容

《甘珠尔》和《丹珠尔》亦称为《藏文大藏经》。“大藏”义译为大容器，亦译量器之大斗。如大斗中容纳众多小升，此能容纳众多物品，故名为“藏”。《藏文大藏经》中包括译成藏文之三藏四续佛语经典与其论疏及其他明处典籍。正如无著论师云：“何谓大藏者，摄集之义也，即集一切要义故得名。”

（一）《甘珠尔》经律论三藏

佛陀所讲的一切经教皆称为佛语。依所诠释之义理分为三学，三学即戒定慧三学；依能诠释之文字分为三藏，三藏即经律论三藏，含摄十二分教，一切文义即从色法乃至遍智之间一切知识，故名三藏。

如是律藏中明确宣示增上律学之依止善知识与别解脱戒及持明戒等之学处，以见、修、行三方面而言，系主要诠释行持之重要理论。经藏中详细诠示增上定学之基本要义，寂止与胜观之观修次第及密咒金刚乘之观修次第，以见、修、行三方面而言，系主要广讲观修为之重要理论。论藏中详细宣讲增上慧学之如何生起思慧与其必要性、应具正见之原因、如何生起证悟无我之智慧、密乘见地之区分、中观自性空与他空之玄义等，以见修行三方面而言，系主要宣示见地极为殊胜之理论。

律藏亦名戒律，梵音译作毗奈耶，义译调伏，如云："依教敕与生出离，戒境以及类分别，此乃调伏行持也。"律藏的内容为讲解五类堕罪和犯堕之因，出堕、离堕、依何制戒补特伽罗、所制学处本体、学处名目以及抉择犯和未犯等八事，以戒调柔三门，清净三业罪障故名为戒律。在三学方面，律藏主要宣讲增上戒学的经典，包括十二分教中的缘起、譬喻、本事、本生等四分。

经藏，梵音译作素怛缆，义译贯穿，如云："宣示处所与性相，法及玄义谓经藏。"经藏讲述何处为何人说，为契合处；讲述世俗谛及胜义谛之一切胜相，为契合相；讲述蕴界处等，为契合法；讲述甚深密意之义理，为契合义。经文契此四者，故名为经藏。在三学方面，经藏主要宣讲增上定学，包括十二分教中的契经、应颂、讽颂、自说、授记、方广和希法等七分。属于经藏范畴的佛母般若波罗蜜多之内容，主要是以基智与道智、遍智、正等加行、次第加行、至顶加行、刹那加行、法身果位等八法事，宣讲现示空性与隐义实证之次第。正如《现观庄严论》中云："般若波罗蜜多义，以八法事详宣讲，基智、道智、一切智、正等加行、次第证、至顶加行、刹那证、法身果位等八事。"华严部主要以见行双运，智慧与方便无二无别，演说一乘任运成就之最胜法，即报身佛刹土唯菩萨之行境。宝积部主要诠释一切道身不了义之广行，或主要讲说方便法，总括为十六种形式即三律仪经等。

论亦名为论藏，梵音译作阿毗，义译为对观（又称对法）。《经庄严论》中对“论藏”的内容概括为：“为现前对观，屡屡作抉择，使悟胜隐义，即名论藏法。”其内容针对趋向涅槃现前宣讲圣谛实义；详细辨析、反复宣讲每一法是有色或无色；为克敌制胜之法；依此能通一切经义。以此四因，故名为对法。佛说论藏，或对法藏以此得名。论藏（亦称为对法藏）主要宣讲增上慧学，是十二分教的抉择分。抉择分主要广讲诸法之自相与共相，即“论藏”也。

（二）《甘珠尔》四部密续

密续部，梵音为怛特罗，其内容包括大乘金刚密咒果乘之灌顶和道次之建立、成就法及各种法事仪轨等的法门。如《密集续后分》中所云：“续者无有间断意，源流成为三种义，基与基之自性及，具胜威力无衰损，自性乃是因缘相，基乃名为方便法，威力者乃胜妙果，三者摄集密续义。”所讲内容之诸因无有间断故名为续。以讲述其内容即是续与诸续会集故名为续部。

如是续部名为密咒或密乘、果乘、金刚乘、方便乘、持明藏等有多种名称。

为何名为密咒，以秘密修持而获成就，然对于非根器者不予宣示，故得名。

为何名为果乘，对于符合果位时之四清净，现前起修即能趋入道位，故得名。

为何名为金刚乘，以方便与智慧契合无二无别，即是金刚勇识之瑜伽，故得名。

为何名为方便乘，方便善巧胜于般若乘，故得名。

为何名为持明藏，宣示诸持明者之学处和究竟成就，故得名。

所谓义续也就是基续者即清净之基，道续者为净治之方法，果续者为净治之果，此三者连贯亦名为续。基续者，指一切众生之法性本体本自清净，蕴与界及处等法或身、口、意等有法如是存在之理趣。道续者，指使其能成熟之灌顶与使其解脱之道及其所属等。果续者，指串习娴熟于道续故所成就之殊胜与共同之一切悉地，于基道果续之现证三续中无余摄集一切续之句义，结合某一士夫成就之实修而宣讲。能讲续又分为事续和行续与瑜伽续及无上瑜伽续等四部密续。

为何分为四部密续，据《虚空藏续》云："双双相拥与携手，嬉笑相视行交合。"以四种贪欲作为道用之方法，而分为四部密续。主要宣示以相视之贪欲作为道用即名为事续；主要宣示以嬉笑之贪欲作为道用即名为行续；主要宣示以携手之贪欲作为道用即名为瑜伽续；主要宣示以交合之贪欲作为道用，即名为无上瑜伽续。如同从树木所生之虫，蛀蚀树木，修持密乘者以贪欲心作为因缘而成就之证悟空性智慧对治其贪欲之心。

伟大善巧的本师释迦牟尼佛就不共密乘的化机，根据士夫的根器分为下、中、上、最上等四个等级，而应机讲授四部密续的教法。针对注重外身口之清洁沐浴等法事的下等根器的士夫们宣讲事部的诸密续，例如《能成善妙大密续中之成就法次第品》和《圣者妙臂请问续》等。针对既注重外身口之法事也注重内三摩地修持的中等根器的士大夫们宣讲了行部的诸密续，例如《大日如来现证菩提神变加持极广经部之王》和《一切如来忿怒王圣不动尊威力无量调伏坚毅品》等。针对注重三摩地修持的上等根器的士夫们，宣讲了瑜伽部的诸密续，例如：《摄集一切如来真胜大乘经》和《秘密大瑜伽密续金刚顶》等。针对注重无上三摩地修持的最上等根器的士夫们，宣讲了无上瑜伽部的诸密续，其中又分方便密续和智慧密续及方便智慧无二之密续等三类：第一类例如《一切如来身口意三密之大秘密密集续王》和《大瑜伽续金刚鬘之现讲一切密续心要之宣示秘密真性》等；第二类例如《密续王吉祥胜乐小部》和《诸品集聚一切佛平等和合空行幻化胜乐续之外续》等；第三类例如《喜金刚密续王》和《吉祥时轮外密续之心要》等。

总的来说，修持下部密续分有相与无相两种，修持事续部又分佛之身密和语密及意密之三种修法；以有贪之相修持身密之道，是以事续六本尊生起有贪之相的本尊身相；修持语密之相应法有以低声修诵和意念修诵两种；修持意密之相应法，具备真性之瑜伽即依于声际真实之观修法赐予解脱之三摩地，其之前行有火焰三摩地与安住于咒音之三摩地两种。对于事续部之一般化机而言，无有自身观为本尊之修法，将本尊视为君王观想在对面而领受悉地。

对于事续部之主要化机而言，是将自身观为本尊，其观修法是以空性本尊与咒声本尊、文字本尊、色身本尊、手印本尊、性相本尊等事续六本尊而生起。为何称为事续，据《摄集喜金刚义之解释》中云："针对观修真实性的力量弱小而喜于有相行持的士夫主要宣讲外身口的各种法事就称为事续。"又据《极明灯炬续》云："宣讲注重沐浴和三时勤换衣服及奉持斋戒等称为事续，例如《度母生源续》等。"总的来说，事续是注重沐浴清洁和禁语持斋，将外在的塑像或画像作为本尊，将本尊视为君王，修行者自视为属民一样作观修。

以身结印成就本尊之身密，以口诵咒语成就本尊之语密，以意观修本尊成就本尊之意密及诸功德。

行续译成藏文的只有《毗卢遮那现证续二十六品》与《毗卢遮那现证续外续第七品》及《金刚手灌顶续十二卷》三个法部。其修法分为无相瑜伽和有相瑜伽两种：无相瑜伽是以观修空性为主安住时之本尊瑜伽；有相瑜伽则是不以观修空性为主之本尊瑜伽。事续与行续是以本尊瑜伽近修达量作为前行而成办羯磨，只宣讲了主修无死长寿持明之悉地，即将寿命增延长达劫时获得本尊摄受、赐予悉地之方面，而未宣讲如何成佛与现证无上圆满果位之方法。为何名叫行续，据《极明灯炬续》中云：注重宣讲行持禁行和成就业及神通等，故称为行续。又据《摄集喜金刚义之解释》中云："何者既喜于法事，又能配合方便智慧之大行而不舍弃内之观修，将事续的外法事与瑜伽续的内三摩地相结合而作修持故称为行续。"此密续将本尊与修行者视为朋友一般而作观修。主要观自身为圆满正等觉之身像，迅速获得身密之加持；观自之语为佛之语，迅速获得语密之加持；观自之意为佛之意，迅速获得意密之加持等。将观自身为佛作为道用，故易生起功德，将果位作为道用，故能迅速圆满二资粮。与给绘制的本尊像等难以修持的对境作供养等来圆满资粮相比较，给自身作供养修法更易于修持，故则无疑能迅速圆满资粮。

瑜伽续译成藏文的主要有《金刚界续》与《净治三恶趣续》及《普明续》等。就瑜伽续之总的程序而言：净治之对境，为行者之身口意三门与四行仪；能净治之道，身密为大手印、语密为法手印、意密为誓言手印、事业为羯磨手印等为内之四手印，与此有关联为外之四手印等，以内四手印和外四手印净治行者之身口意与行仪等，就能获证佛之身密与语密和意密及事业等四果德。为何名叫瑜伽续，据《胜三世间品之解释》中云：瑜伽即心平等安住之意，为成就菩提，在心平等安住的前提下，结合金刚密咒乘之密咒和手印、坛城、灌顶等诸多方法而作修持，故名瑜伽续。又《毗卢遮那现证续疏》中亦云："瑜伽续是根据《圣摄真实性续》等主要讲述内心之瑜伽而作修持故名瑜伽续。此密续将修行者自身与本尊观为平等，迎请智慧本尊融入自身，以无数本尊救度无数众生，最后祈请智慧本尊返回刹土作观修。"

无上瑜伽续是前译玛哈、阿底、阿鲁三大瑜伽续与后译之胜乐根本续与密集根本续、时轮根本续、喜金刚根本续等与诠释其根本续之密续等，可分为主要宣示幻身之父续与主要宣示光明之母续二种。对于如同珍宝之上根化机，不需依地道之次第直至成佛间之渐修，而于即身现证圆觉果位，此乃无上瑜伽续之殊胜特点。然而下三部密续必须于一生中修持寿自在持明。宣讲无上瑜伽续，可分为因续或根本续、道续或方便续、果续或不动续等三类。其究竟而言，必须从唯一之原始俱生光明方面而宣讲。以无上瑜伽为主之密续中，一句金刚语可宣示多种不同意义，故一句金刚语有六边四式（六边为：1. 密续具备实修之边；2. 实修具备上师之边；3. 上师具备窍诀之边；4. 窍诀具备验受之边；5. 验受具备修持之边；6. 修持具备果位之边。四式为：1. 文字式；2. 共同式；3. 秘密式；4. 究竟式）之说法，其化机又分为如同珍宝之士夫、如同旃檀之士夫、如同莲花之士夫、如同白莲之士夫等四种。为何名叫无上瑜伽续，据《密集后分续》中云："方便智慧等持之，是故名为瑜伽行，智慧无有实体相，方便则是有相分。"又据《金刚帐密续》中云："空行母续真稀奇，诸密续之最胜者。"如同上述密续之说，无上密续主要讲述方便智慧无二之殊胜相应法，是诸密续最上者，故称为无上瑜伽续。

此密续将修行者自己观为誓言本尊，迎请智慧本尊融入自身，誓、智本尊成为无二无别，即本尊和修行者成为无二无别而作观修。对于修持圆满次第通达无昧，具备无数修持甚深生起次第之方法，依此生圆二次第不需劳作而能成就菩提，故此等乃对应最上根器之化机而宣讲。故此生圆二次第之瑜伽是无上瑜伽独具之特点，此外下三部密续中未宣示生于轮回所有次第之随顺之道和圆满净治死时光明真谛之道。无上瑜伽续主要注重方便智慧无二和合的相应法，是一切密续中最殊胜者，故称为无上瑜伽续。其中又分三部分：主要宣讲方便的密续称为父续；主要宣讲智慧的密续称为母续；平等宣讲方便和智慧的密续称为无二续。父续与方便续及空行父续等之意义相同。母续与瑜伽续和智慧续以及空行母续等之称谓，虽然有差异但意义相同。方便智慧无二续之“方便”与方便续之“方便”，虽然同名然意义不同，前者之“方便”指的是俱生之乐，后者之“方便”则指的是幻身。主要宣示方便与智慧双运的无二续之“智慧”与智慧续之“智慧”，虽然同名但意义却不相同，前者之“智慧”指的是证悟空性之智慧,后者之“智慧”指的是乐空无二之本智。不特别广讲色身同类因——净与未净之幻身,而特别广讲法身同类因——乐空无二之本智，并特别广讲以色身同类因——俱生之乐证悟空性之乐空无二之本智之内容，属于无上续范畴之密续，皆通称为母续。特别广讲色身同类因——净与未净幻身修法之内容，属于无上续范畴之密续，皆通称为父续。无上续的数量若以不共之角度来讲，唯是诸善逝之行境，故无法比量，然在部分密续中，为随应化机之必要，也有宣说密续之数量，例如《戒源续》中云：“无上瑜伽父续量，共计六俱胝之数，如是瑜伽母续量，共计十六俱胝数”。

（三）《丹珠尔》礼赞部

礼赞部之简要内容,是古印度的龙树与无著等二胜六庄严为主之学识广博、修证成就的佛教诸论师们以偈颂形式赞叹最胜对境——诸佛菩萨与上师及本尊等殊胜功德之各种礼赞文，汇编在一起故名为礼赞部。

（四）《丹珠尔》内明论著

内明论著之简要内容，是古印度之龙树与无著等二胜六庄严为主之佛教诸论师们诠释释尊所宣讲之喜金刚类、吉祥时轮类、胜乐类、圣救度母类、大乐独髻母类、一切秘密与净治三恶趣续等类、毗卢遮那现证菩提续类等金刚密咒果乘之诸密续论典；诸诠释佛母般若波罗蜜多要义之论典、诠释般若波罗蜜多中观类之论典、宣示增上慧学论藏之论典、宣示增上定学之经藏论典、宣示增上戒学律藏之论典等性相因乘诸论典。即以令入秘密、性相秘密、对治秘密、转变秘密等四种秘密与了义和不了义之方式作诠释，正确无误地指明解脱与成佛之道的佛语三藏四续密意之诸论典。

（五）《丹珠尔》其他明处学科

《丹珠尔》中之其他明处学科的论著有因明学、声明学、医方明学、工巧明学，以及共同传规之世间道德论等多种学科的论著。

因明，大五明之一，其内容主要讲述以现量、比量及正量，消除客观存在上的错觉，详细抉择所量外境、能量内心以及心境认识法，是折服对方谬论的一种学科。

声明，大五明之一，其内容主要讲述消除和纠正句义的错误，使语言表达规范化，例如，宣讲梵文之自性与因缘及形相等三方面内容的学科等，此学科中还包括小五明的诗学（以长行、偈颂以及长行与偈颂相间的方式作表述之诗词学科）和词藻学（明白论证事物名字之命名和运用及同义异名等道理的学科）。

医方明，大五明之一，其内容主要宣讲养育士夫身体和增进健康以及治疗疾病的学科，包括所治疾病的类别和能养育身体之药物种类、医治疾病之方法以及施治医生之性相等。

工巧明，大五明之一，分为最胜工巧明与普通工巧明两种。最胜工巧明之内容主要宣讲佛教三密所依的佛像和经书、佛塔及殿堂并各种法器的制作规则和技艺之学科。普通工巧明为世间建造房屋、制作器具、装饰等各种方法的学科，其中还包括小五明之历算学（宣示推算星宿运转和天气季节等内容）的学科。

共同传规之世间道德论类，主要以善说之道指示如何取舍之方法，即针对欲求人天福报之普通士夫宣讲如何禁戒诸恶行、勤修诸善行的世间道德的教言。另还宣讲贤明君王之行仪标准之诸多论著。

二、《甘珠尔》和《丹珠尔》分类、编序及法部数、函数

以下根据《甘珠尔》和《丹珠尔》对勘本（中国藏学出版社出版），简要介绍其分类和编序及法部数及函数。

（一）《甘珠尔》

《甘珠尔》分为戒律、般若、华严、宝积、诸经、密续（包括四部密续、回向发愿、吉祥颂、陀罗尼集、旧译密续及时轮经疏等内容），共六大类。

第一类：戒律部。属初转四谛法轮的小乘戒律部的经典有《律本事》、《根本说一切有部戒经》、《根本说一切有部毗奈耶》、《根本说一切有部比丘尼戒经》、《根本说一切有部比丘尼毗奈耶》、《根本说一切有部毗奈耶杂事》及《律上分》、《普贤行愿品》、《圣者大空摧破经中所讲祈愿文》、《吉祥三宝偈颂》等24个法部，13函。

第二类：般若部。属中转无相法轮的经典有《般若十万颂》（汉译本名为《大般若波罗蜜多经初会》。据《德格版·甘珠尔目录》中记载："龙树菩萨从龙宫迎请般若经时，其中弥勒请问品、法勇品、常啼品及遍付品等四品，龙王未交付给龙树菩萨，故在广品般若经中缺这四品。"）《般若二万五千颂》（汉译本名为《大般若波罗蜜多经第二会》）《般若一万八千颂》（汉译本名为《大般若波罗蜜多经第三会》）《般若八千偈颂》（汉译本名为《佛说佛母出生三法藏般若波罗蜜多经》）。另在杂品般若经中有《般若略摄要义偈》、《般若三百颂金刚能断品》、《般若波罗蜜多心经》等17部小品般若经，另还有《转法轮经》、《柳叶宫经》、《大集经》和《大吉祥经》等13部新译经典。（据《德格版·甘珠尔目录》中记载，此十三部新译经典，虽不属于般若部，但此等后译经典早就编在此杂品般若部之部函中，估计编者当时未详细分辨和观察大小乘之类别以及与前译经典是否重复等而编之，故此次亦参照以往版本编排。）

以上般若部的经典共有36个法部，共计22函。

第三类：大方广佛华严部。属末转法轮的大方广佛华严部，一个法部共计116卷，45品，4函。（据《德格版·甘珠尔目录》中记载："往昔在印度那烂陀寺中，《大方广佛华严经》原有十万偈颂，一百品，后因寺中失火烧毁很多经典，大方广佛华严部也仅剩下45品，后被译成藏文。"）

第四类：圣宝积部。属末转法轮的圣宝积部有《圣大宝积经十万品之宣讲三律仪品大乘经》（汉译本名为《大宝积经三律仪会第一》）、《佛说如来秘密不可思义大乘经》（汉译本名为《大宝积经密迹金刚力士会第三》）、《圣无量光庄严大乘经》（汉译本名为《大宝积经无量寿如来会第五》）等，共计49个法部，6函。（据《德格版·甘珠尔目录》中记载，在印度那烂陀寺中，《圣大宝积经》原有十万品，后因寺中失火烧毁很多经典，仅剩下49个法部，后来被译成了藏文。）

第五类：诸经部。属三转法轮的诸经部分为大乘和小乘两种：

（1）大乘的经典有《圣贤劫大乘经》（汉译本名为《贤劫经》）、《圣广游戏大乘经》（汉译本名为《方广大庄严经》）、《圣密意定解大乘经》（汉译本名为《解深密经》）等计194个法部，24函。

（2）小乘的经典有《正法念处经》、《大空性经》（汉译本名为《大空经》）、《贤愚经》（汉译本亦同名）等，共计78个法部，8函。诸经部的经典共计272个法部，32函。

以上显教经典共计382个法部，77函。

第六类：密续部。密续部分为无上瑜伽续、瑜伽续、行续、事续等四部密续和前译宁玛密续、《时轮摄略续释》、《陀罗尼集》以及发愿、回向、吉祥颂等。

（1）无上瑜伽续。无上瑜伽续又分无二续（双运续）、母续（智慧续）和父续（方便续）共三类。

1）主要宣讲双运的无二续有《文殊真实名号续》（汉译名为《圣妙吉祥真实名经》）、《吉祥时轮续外续之心要》等6个法部，共计半函。

2）主要宣讲智慧的母续中又分为平等宣讲六类、赫噜迦续、毗卢遮那续、金刚太阳续、莲花游舞自在续、马圣续和第六部遍主金刚持续等共七种密续。

①平等宣讲六类的密续有《吉祥一切佛陀平等和合空行母胜乐外续》和《吉祥一切佛陀平等和合空行母胜乐外续之外续》等4个法部。

②赫噜迦类的密续分为胜乐、喜金刚、佛颅骨、大幻化、阿然哩等五类：其中属于胜乐密续的密典有《密续王吉祥胜乐小品续》、《大密续王吉祥金刚空行续》等51个法部；属于喜金刚密续的经典有《喜金刚密续王》（汉译本名为《佛说大悲空智金刚大教王仪轨经》）、《圣者空行母金刚帐密续王》等7个法部；佛颅骨密续有《吉祥佛颅骨瑜伽母密续王》1个法部；属于大幻化的密续有《吉祥大幻化密续王》1个法部；属于阿然哩密续的经典有《金刚阿然哩大密续王》和《日格阿然哩密续王》2个法部。以上赫噜迦类的密续共计64个法部。

③毗卢遮那类的密续有《瑜伽母大密续王吉祥四座》与《一切忿怒王密咒秘密续》等7个法部。

④金刚太阳类的密续有《金刚甘露密续》1个法部。

⑤莲花游舞自在类的密续有《种姓世间怙主五十颂》和《圣救度母拘留拘哩品》等2个法部。

⑥马圣类密续有《二十一尊度母礼赞及其功德利益》（汉译本名为《圣救度佛母二十一礼赞经》)、《金刚橛根本续片段》和《大黑天怙主现生续》等3个法部。

⑦第六部遍主金刚持类之密续有《如是证得等齐虚空续》1个法部。

以上主要宣讲智慧的母续类共82个法部，4函。

3）主要宣讲方便的父续又分为不动佛续、毗卢遮那佛续、宝生佛续、莲花部续、事业部续和金刚持续等六类密续。

①不动佛类的密续有《一切如来三密之大密集仪轨大王》（汉译本名为《佛说一切如来金刚三业最上秘密大教王经》）和《圣无二平等尊胜仪轨大王》（汉译本名为《佛说无二平等最上瑜伽大教王经》）等24个法部。

②毗卢遮那佛类的密续有《密续王毗卢遮那幻化网》（汉译本名为《佛说瑜伽大教王经》)、《一切如来身口意黑色阎摩敌密续》及《吉祥红色阎摩敌密续王》等10个法部。

③宝生佛续类，据布顿大师说此类密续未译有藏文。

④莲花部续类的密续有《吉祥薄伽梵独髻观察密续王》1个法部。

⑤事业部续类（即羯磨部）亦未译有藏文。

⑥金刚持类的密续有《吉祥月密明点密续大王》和《吉祥红色阎摩敌密续王》共2个法部。主要宣讲方便的父续类共37个法部，2函半。以上无上瑜伽续共计125个法部。

（2）瑜伽续。瑜伽续分为主要宣讲方便和主要宣讲智慧共两类。

1）主要宣讲方便的密续中又分根本续、讲解续、同分续共三种：

①根本续有《摄集一切如来真实性大乘经》（汉译本名为《佛说一切如来真实摄大乘现证三昧大乘教王经》）1 个法部。

②讲解续有《瑜伽续秘密大瑜伽金刚顶》、《一切秘密密续王》及《胜出三世间大品密续王》（汉译本名为《一切秘密最上名义大教王仪轨》）等 3 个法部。

③同分续有《如来薄伽梵正等觉彻底清净一切恶趣·威严王品》和《善住摄略续》、《如来薄伽梵正等觉彻底清净一切恶趣威严王观察一方续》3 个法部。

2）主要宣讲智慧的密续有《吉祥最胜本初尊大乘仪轨王》（汉译本名为《佛说最上根本大乐金刚不空三昧大教王经》）和《般若波罗蜜多百五十理趣》。（汉译本名为《大般若波罗蜜多经第十会般若理趣分》）等 7 个法部（在德格版·甘珠尔目录中记载，此部密续中编有的《般若波罗蜜多百五十趣理偈颂》和《般若波罗蜜多二十五门大乘经》虽已列在般若部中，但此两部经典与瑜伽续的《吉祥最胜本初尊续般若品》和《吉祥金刚心要庄严密续般若二十五门》的内容相似，所以又重复列入此部密续中。）瑜伽续共计 14 个法部，2 函半。

（3）行续部。行续部分为如来类、莲花类及金刚类 3 类。

1）如来类密续有《大毗卢遮那现证圆满菩提神变加持极为广大经部王二十六次第》（汉译本名为《大毗卢遮那佛神变加持经》）和《听受一切如来之命威力无量圣忿怒不动明王调服顽劣品密续王》2 个法部。

（2）莲花类密续未有藏译本。

（3）金刚类的密续有《圣者金刚手灌顶大密续》、《圣者八天女陀罗尼》及《圣者蓝衣金刚手金刚地下续》等 6 个法部。

行续共计8个法部，1函。

（4）事续部。事续部分为各别事续类和总事续类两大类。

第一，各别事续类分为如来类、莲花类、金刚类、财宝类、增业类、世间类及难以归类的各种小品陀罗尼类等7类。

1）如来类分为如来类之主尊续和如来类之转轮续、如来类之佛母续、如来类之顶髻续、如来类之忿怒男女续、如来类之女使续、如来类之菩萨续、如来类之净居天天龙药叉等共八种密续：

①如来类的主尊续有《三昧耶庄严王续》和《菩提心要十万庄严陀罗尼》（是由汉文译成藏文，汉译本名为《菩提庄严陀罗尼经》）等41部。（据《德格版甘珠尔目录》中记载：此密续中列有的《圣者十二佛陀大乘经》和《圣者七佛陀大乘经》虽已列入显宗经藏部，但此两部经与事续陀罗尼不相违，故又重编在此密续中。又此密续中列有的《般若波罗蜜多心经》虽已编在显宗经藏中，但因龙树论师著有心经的修法仪轨，所以又将此经列在此密续中。）

②如来类的转轮续有《圣者文殊根本续》（汉译本名为《大方广菩萨文殊师利根本仪轨经》）、《文殊师利独勇修法》及《文殊师利增长智慧陀罗尼》等10部。

③如来类的佛母续有《般若波罗蜜多百零八名号》（汉译本名为《圣八千颂般若波罗蜜多一百零八真实圆义陀罗尼》）、《圣者金光明最胜经藏王大乘经》（汉译本名为《金光明最胜王经》）及《圣者明王母大随求陀罗尼》等37部。（据《德格版·甘珠尔目录》中记载：按照以往诸大目录之内容，上述显宗的诸小品经典虽然已列在般若部中，但按照上师们根据很多经教所说，凡是有密咒陀罗尼的显教经典皆可列入事续部的观点，所以又将这些经典重复编在事续部中。凡属于如来类佛母类的经典亦重复列在此事续部中。特别是《金光

明最胜王经》中有修持密咒陀罗尼的仪轨、绘制身像的修法及火供仪轨等，因此将此经典编在密续部中，故未编入显宗类。布顿大师在《续部概论》中以教证抉择此经属于密续类。此目录中还说：事续的如来类之佛母续中有《圣摩利支天陀罗尼》［汉译本名为《佛说大摩利支菩萨经》］与《圣者佛母摩利支天所生续之一切仪轨》及《幻化摩利支天坛城仪轨》、《圣者大明咒王母具胜》、《圣者具胜陀罗尼》、《圣灌顶陀罗尼》、《圣者具足财宝陀罗尼》［汉译本名《佛说如意宝总持王经》］、《圣者除毒明咒》、《念诵成就薄伽梵母圣母具指陀罗尼》、《诸法母陀罗尼》、《圣者顶髻珍宝陀罗尼》、《圣者六字明咒》［汉译本名为《佛说圣六字大明王陀罗尼经》］、《般若波罗蜜多十万颂陀罗尼》、《般若波罗蜜多二万五千颂陀罗尼》、《般若波罗蜜多八千颂陀罗尼》、《六波罗蜜多心要陀罗尼》、《受持六波罗蜜多陀罗尼》、《获证十波罗蜜多陀罗尼》、《获证四无量陀罗尼》、《受持般若波罗蜜多十万颂陀罗尼》、《圣者受持华严陀罗尼》、《圣者受持宝树庄严陀罗尼》［汉译本名为《华严经心陀罗尼》］、《圣者受持三摩地王陀罗尼》、《受持大孔雀明王佛母陀罗尼》、《受持大随求佛母陀罗尼》、《圣者全诵入楞伽经陀罗尼》等很多本属显宗经典的陀罗尼，按上述原因，列在密续类中亦不相违，为把陀罗尼归在一起故编在此处。）

④如来类顶髻续有《圣者由一切如来顶髻所生白伞盖他不能胜明咒王佛母》（汉译本名为《佛顶大白伞盖陀罗尼》）、《一切如来顶髻尊胜佛母陀罗尼及仪轨》（汉译本名为《佛说一切如来乌瑟腻沙最胜总持经》）及《普入门光芒顶髻无垢光陀罗尼》等 14 部。

⑤如来类之忿怒男女续有《忿怒尊胜仪轨秘密续》（汉译本名为《佛说妙吉祥最胜根本大教经》）、《圣清净一切障碍陀罗尼》及《圣

尊胜幢顶臂严陀罗尼》（汉译本名为《佛说无能胜幡王如来庄严陀罗尼经》）等10部。

⑥如来类之女使续有《圣善贤门陀罗尼》（汉译本名为《金刚秘密善门陀罗尼经》）、《圣者清净眼障明咒》、《圣善夜经》（德格版目录中说：此部密续中的《圣善夜经》［汉译本名为《佛说善夜经》］虽已列在显宗经部，因此经中有陀罗尼故又重复列在事续部中。布顿等亦将此经列在陀罗尼类中）等20部。

⑦如来类的菩萨续有《圣观自在菩萨百零八名号及陀罗尼》与《圣者弥勒菩萨之百零八名号及陀罗尼》等八大菩萨百零八名号及陀罗尼咒、《安慰焰口母饿鬼施食仪轨》（汉译本名为《佛说救面燃饿鬼陀罗尼神咒经》）及《本智流星心咒》等19部。

⑧如来类的净居天等续有《大经大集经》与《圣者财宝源流陀罗尼》（汉译本名为《佛说大乘圣吉祥持世陀罗尼经》）及《圣象鼻天续》等21部。

2）莲花类分为类尊续与类之转轮续、类之佛母续、类之忿怒男女续、类之听命男女续等五种：①部尊续有《寿智无量大乘经》（汉译名为《无量寿经》）、《寿智无量陀罗尼》及《薄伽梵无量光佛陀罗尼》等8部。②转轮续有《圣者观自在菩萨根本续——莲花网》、《圣不空绢索尊仪轨》及《观世音狮吼誓愿陀罗尼》等44部。③佛母续有《竖髻度母仪轨》、《至尊圣救度母百零八名号陀罗尼及仪轨》（汉译本名为《圣多罗菩萨一百八名号陀罗尼经》）及《至尊圣救度母救离八怖畏经》等9部。④忿怒男女续有《圣观自在菩萨马头明王咒》（汉译本名为《马头观世音菩萨大咒》）、《回遮外敌圣者尊胜》及《居山叶衣佛母陀罗尼》等4部。⑤听命男女续有《圣回遮外敌具力陀罗尼》、《圣大吉祥天女经》（汉译本名为《佛说大吉祥天女十二名号经》）及《获得殊胜之明咒》等7部。

3）金刚类分为类尊续与类主续、类之佛母续、类之忿怒男女续、类之使者与听命男女续等五种：①类尊续有《圣不动如来清净一切业障陀罗尼》1部。②类主续有《圣金刚地下密续王》、《蓝衣金刚手仪轨及陀罗尼》与《金刚摧破陀罗尼》等8部。③类之佛母续有《圣金刚不败如火炽燃能使愚昧陀罗尼》1部。④类之忿怒男女续有《金刚微细无碍陀罗尼》（汉译本名为《金刚摧破陀罗尼》）、《圣者十金刚手心咒》及《圣者调剂甘露等四心要陀罗尼》等3部。⑤类之使者和听命男女续有《忿怒王秽迹金刚赞颂及密咒》、《圣金刚连环续仪轨》及《圣黑色铁嘴陀罗尼》等8部。

4）财宝类中有《圣宝贤陀罗尼》（汉译本名为《佛说宝贤陀罗尼经》）、《宝贤药叉仪轨》及《圣者阎婆罗百零八名号》等8部。

5）增长类有《圣者宝带陀罗尼》（汉译本名为《佛说宝带陀罗尼经》）1部。

6）世间类有《圣明咒王大气息咒》1部。

7）难以归类的各种小品陀罗尼有《琢磨珍宝陀罗尼》、《绕佛塔陀罗尼》及《顶礼陀罗尼》等31部。

各别事续类共计有306部经典，8函。

第二，总事续类有《以窍诀形式宣讲六类之理趣及其各种密咒修持法事之妙臂请问经》（汉译本名为《苏婆呼童子请问经》）、《宣示事部密续之所有三千五百坛城总的仪轨之秘密总续》（汉译本名为《苏呬耶经》）、《正确宣示修持行仪之圆满成就大密续中之次第修法分类》（汉译本名为《苏悉地羯罗经》）、《宣讲三摩地特别行持之禅定次第后分续》等，总事续类共计有4部、半函。

事续部的经典共计310部，8函。

四部密续共计457部，19函。

（5）圆满之支分发愿、回向及吉祥颂类的经典有《圣密意续大鬘宣示认定菩萨性相中之善巧鉴宝全面大回向王》、《圣者究竟回向王及咒文》、《大千摧破经中之发愿文》、《五如来吉祥偈》及《三宝吉祥偈》等19部。

（6）陀罗尼集类以及增补杂类，据《甘珠尔·德格版目录》中记载："参照《甘珠尔·蔡巴手抄本》刊刻德格版《甘珠尔》时，为便于利乐众生，亦重复将密续部的小品陀罗尼汇编后列在密续之后。"陀罗尼集类有《第三迎请续》与《圣无量寿和本智陀罗尼》（汉译本名为《阿弥陀佛鼓音声王陀罗尼经》）、《圣无量功德赞陀罗尼》、《圣释迦牟尼心要陀罗尼》、《菩提心要十万庄严陀罗尼》等243个法部，增补杂类有《帝释天王赞》与《圣者入宽广城经》及《三宝吉祥偈》等20个法部。共计263个法部，2函。（除德格版和库伦版《甘珠尔》外，永乐版、丽江版及那塘版、拉萨版、北京版、卓尼版等中未单列陀罗尼集两函。）

（7）《时轮摄略续释——无垢光》（据《德格版·甘珠尔目录》）中记载："《时轮摄略续释——无垢光》本属于论疏部，应编在《丹珠尔》中，但此论是解释一切密续无上究竟密意的论著，如同诸密续之王，与佛祖的亲口教言无有差别，为表示恭敬，故按照以往诸大善知识的编列方式，列在此《甘珠尔》中。"此密续共一函。（诸《甘珠尔》版本中只有德格版、丽江版及库伦版等三个版本中有此部论著，内容包括灌顶篇和本智篇，德格和丽江版中这两篇都有，库伦版中缺本智篇。）

（8）《大佛顶如来密因修证了义诸菩萨万行首楞严经》（增补一函）。

（9）旧译宁玛密续部：《旧译宁玛密续》中有《一切法大圆满菩提心普作王续》、《一切如来大秘密库无尽宝藏明灯修大禁行密续》《威猛本智界轮大乘经》、《秘密心要续》等24部（共计三函）。

以上《甘珠尔·对勘本》之显宗部与密续部和回向发愿类、吉祥颂类、陀罗尼集时轮续疏、旧译密续等共计1139部，十六开精装本共108册。

（二）《丹珠尔》

《丹珠尔》共有十大类，即礼赞类、内明类、因明类、声明类、医方明类、工巧明类、世间道德论类、珍本类、增补类、回向与发愿及吉祥颂类等。

第一类：礼赞类。有《殊胜赞》、《殊胜赞广释》、《胜出天神赞》等73部，计1函。

第二类：内明类。其中又分密咒金刚果乘和显宗性相因乘两大类。

1. 内明类之密咒金刚果乘类又分为二十四类：

（1）喜金刚密续类：

1）各种密续疏释喜金刚续类有《喜金刚略义广释》、《八大尸陀林的讲解》、《开解喜金刚真实性》等38部。

2）总密续之疏释与修法、坛城仪轨、道次等类：①佛父类有《吉祥喜金刚修法》、《喜金刚坛城事业次第仪轨》、《吉祥喜金刚火供仪轨》等87部；②佛母类有《无我瑜伽母修法》、《出自喜金刚之咕汝咕哩修法》、《吉祥金刚空行母修法》等18部；③金刚帐类有

《空行母金刚帐之五空行修法》、《十真实性》、《荼毗仪轨》等10部；④大手印明点续有《吉祥宝滴修法》、《清净一切罪障的火供三摩地》、《吉祥真实性甘露窍诀》等15部。

喜金刚密续部共计168部，9函。

（2）吉祥时轮续类有《最胜本初佛所说吉祥时轮密续王》、《密续王时轮略续讲解随入，根本密续一万二千偈颂——无垢光》、《简示灌顶广释》、《吉祥时轮修法——极明瑜伽》等计56部，5函。

（3）胜乐总摄轮密续类：

1）各种密续的注疏类有《吉祥胜乐总摄轮释难——修法序分》、《吉祥空行海会瑜伽母密续大王释——船筏》、《结合瑜伽母普行之讲授》等24部。

2）修法与坛城、仪轨、窍诀等类：①佛父续有《吉祥胜乐总摄轮一百零八名号赞》、《吉祥胜乐金刚修法——成就真实性心要》、《吉祥胜乐总摄轮修法摄集真性》等119部；②佛母续有《金刚瑜伽母简略会供法》、《吉祥成就真性本智》、《金刚亥母修法》等68部。胜乐总摄轮密续部共计211部，8函。

（4）吉祥金刚四座密续类：

1）密续之注疏有《密续王吉祥四座解释——忆念之因》、《圣者四座讲解》及《腋相合论》等3部。

2）佛父佛母的修法和坛城及仪轨以及圆满次第等的论著有《瑜伽续吉祥四座修法》、《本智自在母修法》、《密续王吉祥四座坛城仪轨心要》、《金刚四座之四真实性》等12部。

吉祥金刚四座密续共计15部，1函。

（5）大幻化密续类：

1）密续的解释类有《大幻化密续释难——具备幻变》、《吉祥大幻化释——具备功德》、《大幻化密续释——忆念》等4部。

2）修法与坛城窍诀等类有《大幻化修法》、《金刚萨埵修法》、《大幻化修法的坛城仪轨——获证悉地》等23部。

大幻化密续共计27部，半函。

（6）金刚甘露密续有《吉祥金刚甘露释难》、《金刚甘露密续的讲解》及《吉祥金刚甘露大密续王广释》等3部，半函。

（7）吉祥佛颅骨密续类：

1）密续之注疏类有《吉祥佛颅骨密续释难——具备本智》、《佛颅骨密续的释难——真性月亮》及《吉祥佛颅骨大密续王广释——无怖畏文》等3部。

2）修法与坛城、施食仪轨、日格修法等类有《吉祥佛颅骨修法》、《一切部多施食仪轨》、《吉祥佛颅骨坛城仪轨——显明次第》及《日格阿热梨修法》等4部。

吉祥佛颅骨密续共计7部，半函。

（8）吉祥佛平等和合密续类：

1）密续之注释类有《吉祥与一切佛平等和合空行幻化胜乐密续讲解》、《吉祥与一切佛平等和合空行母幻化胜乐解释——和合庄严》、《吉祥与一切佛平等和合密续释难》等5部。

2）修法与坛城及窍诀等类有《吉祥金刚萨埵密义之立论》、《吉祥与一切佛平等和合之坛城仪轨》、《与一切佛平等和合的会供仪轨》等19部。

吉祥佛平等和合密续共计24部，一函半。

（9）圣救度母密续类：

1）无上瑜伽的度母密续有《度母修法》、《薄伽梵度母礼赞之二十一尊修法》、《邬坚之度母修法次第》等62部。

2）与总母续有关类有《事业手印观察诀窍》、《赎死诀窍》、《观察梦境法》等6部。

3）莲网密续有《出自莲网的修法》和《莲华观自在菩萨莲网次第，于薄伽梵坛城作供养仪轨》2部。

4）与母续同分之黑色怙主的密续类有《吉祥黑色大怙主修法次第》、《吉祥黑色大怙主坛城仪轨》、《吉祥黑色天女修法》等31部。

5）不动明王现证之母密续类有《大威猛现证续》和《不动明王现证——极喜现说》两部。

圣救度母密续类共计103部，1函。

（10）大瑜伽方便续密集类：

1）龙树论师传规之密集续：①注释类有《吉祥密集续释》、《六支加行解释》和《金刚诵广讲》等13部；②修法、坛城、仪轨、窍诀等类有《吉祥密集简略修法》、《五次第摄略窍诀篇》、《甘露旋聚修法》等30部；③与上述修法有关之注疏类有《简略修法注释——宝鬘》与《吉祥密集坛城之本尊身像赞》、《五次第释难》等17部。龙树传规之密集续共计60部。

2）益西校论师传规之密集续注释类：①密集之密续有《吉祥密集解释——决定窍诀》、《吉祥密集续释难》、《密集密续王教授——月亮光芒》等10部；②窍诀类的论著有《观修二次第真实性之讲传》、《四支修法广讲》、《解脱明点论》等13部；③随顺上述诸论典之窍诀类释文有《普贤修法之诠释》与《明点解脱论之解释》及《吉祥密集坛城仪轨之解释》等6部；④随顺上述诸论典之坛城仪轨等之论著有《吉祥不动金刚修法》与《六支和合论解释》及《吉祥密集金刚赞》等37部。益西校论师传规之密集注疏共计66部。

3）多吉谢巴论师传规的密集解释有《密续王吉祥密集续讲解》、

《吉祥大乐修法》、《吉祥俱生密集金刚修法》等5部。

4）桑布校论师传规之弥底论师著有《密续王密集注释》、《四天女请问经讲解——窍诀广述》及《四天女请问经讲解》等3部。

5）根噶宁布论师传规的注疏有《吉祥密集续释难》一部。

大瑜伽方便续密集部共计135部，17函半。

（11）阎罗敌密续类：

1)黑色阎罗敌密续类：①密续解释类有《吉祥阎罗敌密续释难——俱生光明》、《吉祥黑色阎罗敌密续王释难——宝灯》与《黑色阎罗敌密续释难》等5部；②修法与坛城仪轨等类有《黑色阎罗敌修法》、《黑色阎罗敌现证次第》、《秘密轮修法》等50部。

2）怖畏金刚的密续：①密续解释类有《吉祥怖畏金刚释难》、《吉祥怖畏金刚密续略讲》、《怖畏金刚密续解释——宝鬘》等5部；②修法与坛城及仪轨等类有《怖畏金刚念修仪轨》、《怖畏金刚坛城仪轨》、《怖畏金刚护摩仪轨》等39部。

3）六面阎罗敌的密续有《吉祥黑色阎罗敌根本咒义——金刚广解》、《黑色六面阎罗敌轮修法》等3部。

4）红色阎罗敌的密续有《阎罗敌掩埋怨敌轮》、《红色阎罗敌修法》、《红色阎罗敌圆满次第——极无戏论真实性窍诀》、《吉祥红色阎罗敌坛城仪轨》等72部。

5）圣黑色阎罗敌寿主的密续有《圣黑色阎罗寿主修法以及施食法》、《沐浴仪轨——净治业障、消除磨难》、《圣黑色阎罗敌王寿主坛城仪轨》等3部。

阎罗敌密续共计178部，2函。

（12）以无上部传规解释《文殊真实名经》类：

1）密续注释有《圣文殊真实名经广释》、《圣文殊真实名经释——

显明三理趣灯炬》、《抉择真实名经摄略》等5部。

2）修法、坛城、仪轨等类有《圣文殊智尊现证》、《自性安住真言十行》、《圣文殊真实名经修法》等27部。

以无上部传规解释《圣文殊真实名经》共有32部，1函。

（13）大乐独髻密续部等类：

1）大乐独髻密续有《吉祥薄伽梵独髻母坛城轮修法》与《回向文——珍宝灯炬》及《自心休息窍诀二十五偈颂》等11部。

2）世间怙主类的密续有《世间怙主圣观世音随许仪轨》、《吉祥大悲尊灌顶要诀品》、《圣者世间自在秘密修法》等7部。

3）无量寿佛密续类有《无量寿智坛城仪轨》、《马头明王修法》、《无量寿智修法》等6部。

大乐独髻等密续部共计24部，半函。

（14）以无上部传规解释金刚手密续类：

1）大轮密续类有《圣蓝衣金刚手降伏三威猛密续解释——甘露禾苗》、《夜叉大首领蓝衣金刚手修法——大轮》、《四种龙神修法》等40部。

2）五威猛尊的密续有《五金刚忿怒尊坛城仪轨》和《金刚手八支道》2部。

3）忿怒大鹏类密续有《夜叉大首领蓝衣金刚手和大鹏修法》、《明咒法和镇魔仪轨》、《龙神施食法》等8部。

4）持杖金刚手的密续有《圣蓝衣金刚手密续广讲》、《圣蓝衣金刚手坛城仪轨》、《真实性灯炬修法》等17部。以无上部传规解释的金刚手密续部共计67部，1函半。

（15）无上瑜伽密续总的密意解释类：

1）无上瑜伽总的见、修类有《决定敦促一切密续要义之吉祥秘密成就》与《笃哈藏道歌》及《消除邪见释难》等252部。

2）抉择四种灌顶要义类有《宝轮灌顶窍诀次第》与《四种灌顶要义抉择》及《宣示灌顶次第》等6部。

3）誓言与律仪等类有《金刚乘根本堕摄要》与《金刚萨埵修法》及《吉祥一切秘密之总仪轨——心要庄严》等14部。

4）会供类有《会供仪轨》与《会供仪轨——如意宝》及《会供仪轨——次第分明》等5部。

5）开光等类有《身密与语密及意密之安住法事》与《土与木及石之仪轨》及《宝鬘仪轨十法》等5部。

无上瑜伽密续总的密意解释之论著共有282部，3函。

（16）摄真性瑜伽续和吉祥殊胜本初续及幻网续类：

甲、诸密续之诠释类：

1）根本续摄真实性类：①随顺阿阇黎佛密传规之论著类有《入密续义论》与《入密续义论疏》等2部；②随顺阿阇黎释迦熙宁传规之论著类有《摄真实性广讲》与《金刚界大坛城诸本尊之安立》、《坛城划线略讲》等7部；③随顺阿阇黎根噶宁布传规之论著类有《摄集一切如来真性现证大乘密续之讲解——显明真性》1部。

2）吉祥殊胜本初续类有《吉祥殊胜本初续释》与《吉祥殊胜本初续广讲》2部。

3）幻化网续类有《密续王幻化网续广讲》与《密续王幻化网续释难》及《吉祥金刚心要庄严续释难》等3部。

乙、有关修法与窍诀等类有《金刚界大坛城仪轨——生出一切金刚》与《金刚萨埵修法》及《开眼仪轨》等16部。

以上摄真性瑜伽续等类共计31部，9函。

（17）瑜伽续之宣示《文殊真实名经》类：

1）其注释类有《圣文殊真实名经解释》、《圣文殊真实名经广讲》、《圣文殊真实名经窍诀注释》等11部；

2）修法与坛城及窍诀等类有《圣文殊真实名经坛城仪轨——无垢虚空》、《圣文殊真实名经续修法》、《圣文殊真实名经部多施食仪轨》等计83部。

此类共计94部，3函半。

（18）一切秘密续和清净诸恶趣续等类有：

1）一切秘密续类有《吉祥一切秘密续结合讲解——秘密灯炬》1部。

2）清净诸恶趣密续类有《清净诸恶趣句义疏释》与《薄伽梵如来应供正等觉彻底清净一切恶趣大威仪密续王——讲解庄严饰》、《吉祥彻底清净诸恶趣遗体荼毗仪轨》等26部。

3）般若波罗蜜多类有《般若波罗蜜多心经修法》与《般若波罗蜜多窍诀》及《般若波罗蜜多坛城仪轨》等13部。

4）阿閦佛密续类有《阿閦佛修法》与《摧破一切业障坛城仪轨》及《护摩仪轨》等9部。

一切秘密与清净诸恶趣等类共计39部，2函半。

（19）行续类：

1）毗卢遮那现证菩提密续释类有《毗卢遮那现证菩提大密续摄略义》与《毗卢遮那现证菩提大密续疏》及《毗卢遮那修法仪轨》等5部。

2）文殊秘密续类有《圣者文殊秘密续修法——一切羯磨宝藏之论疏》与《圣者文殊秘密续坛城仪轨》及《薄伽梵妙吉祥忿怒阎罗敌护摩仪轨》等3部。

3）忿怒尊胜密续释类有《忿怒尊胜品秘密续广讲》1部。

以上行续类共计9部，2函。

（20）事续类：

第一、总事续有《禅定后分次第广讲》与《圣者妙臂请问续摄略要义》及《圣者妙臂请问续讲解句义备忘录》、《圣者妙臂请问续摄略义讲解备忘录》等4部。

第二、事续部之各别法部解释类：

1）身密文殊类有《成就独勇尊续释》1部。

2）意密金刚手类有《圣者蓝衣金刚手仪轨之陀罗尼解释》与《吉祥能伏部多之坛城仪轨》及《圣者蓝衣金刚手之陀罗尼解释》等3部。

3）与金刚手同分之金刚摧破陀罗尼类有《金刚摧破续之陀罗尼讲解》与《金刚摧破续之陀罗尼广释——珍宝显明》及《金刚摧破续之陀罗尼诀窍》等11部。

4）与上述诸续有关之顶髻等陀罗尼类有《普入门光明顶髻无垢显现一切如来之心要与观待誓言陀罗尼之讲解》与《孔雀明王咒解释》及《成就圣者无量门陀罗尼广释》等10部。

第三、有关事续部之修法与坛城、仪轨等类：

甲、事续部之三类主尊类：

甲1. 三类主尊各别之修法类：

1）部之三主尊类：①与身密主尊毗卢遮那佛同分之安置三誓言王续类有《安置三誓言王续之百字明咒修法》1部。②语密部之主尊无量寿佛类有《无量寿佛赞》与《圣者无量寿与本智之修法》及《圣者无量寿与本智仪轨》等3部。

2）部之三主宰类：①身密主宰之文殊类有《文殊金刚增长智慧续》与《文殊语狮子修法》及《至尊文殊智慧轮修法》等20部。②

语密之主宰大悲观音类有《圣者不空绢索五尊赞》与《圣者千手千眼观自在修法》及《圣者观自在百零八种修法》等43部。③意密之主宰金刚手类有金刚手之显宗传规类与金刚手之贤行类及与金刚手同分之金刚摧破类等三种：首先金刚手之显宗传规类有《蓝衣尊捷近悉地》与《宝瓶修法》及《金刚手坛城赞》等25部；其次金刚手之贤行类有《薄伽梵蓝衣金刚手修法》与《交付明咒仪轨》及《吉祥降伏部多坛城仪规》等16部；其后与金刚手同分之金刚摧破类有《六坛城仪轨》与《净浴仪轨次第》及《金刚摧破修法百零八》等41部。意密之主宰金刚手类共计83部。

3）部之三忿怒尊类：①身密之阎罗敌类有《阎罗敌修法》1部。②语密之马头金刚类有《马头金刚修法》与《圣者马头金刚修法》等共6部。③意密类与甘露旋明王修法同分之不动明王类有《圣者不动明王修法》与《大忿怒威猛尊修法》及《白色大忿怒尊修法》等7部。

三类总体之修法类有《善成能作修法摄集》与《善行如意》2部。

乙、顶髻等各种陀罗尼类有《集自一切经部之圣者念诵入普门光明顶髻无垢陀罗尼建造百零八座佛塔或五座佛塔之仪轨》与《顶髻无垢陀罗尼仪轨》及《出自佛顶髻之大白伞盖仪轨》等30部。

丙、五种护轮类有《圣母大明觉随求佛母轮》与《大随求佛母护轮绘制仪轨》及《大空摧破佛母修法》等23部。

事续部共计258部，4函。

（21）与四部密续有关的修法和陈设坛城等类：

1）集自诸密续部之各种本尊修法与诸密续共同汇编类有：①班智达·阿巴亚·噶然格达所著密续类有《坛城仪轨——金刚鬘》与

《圆满瑜伽珠鬘》及《护摩仪轨——光穗》等3部。②巴曹·楚逞坚赞所译百部修法类有《忆念佛陀》与《金刚妙音天女修法》及《持财母修法》等164部。③瓦日瓦译师所译密续类有《金刚座修法》与《狮子吼修法》及《汉地传规之度母修法》等94部。④扎巴坚赞译师所译诸本尊之修法海会类有《修法普摄》与《自我加持次第——具光明母修法》及《尊胜幢顶庄严经修法》等245部。⑤阿阇黎·无垢天所著修法等类有《颦眉母修法》与《增寿仪轨》及《成就大鹏金翅鸟护法》等56部。以上共计568部。

2）与总的坛城法事有关类有《坛城法摄略》与《显明无量宫之现证——除暗明灯》共2部。

以上与四部密续有关的修法和陈设的坛城等类共计570部，3函半。

（22）宣示四部密续之安立和密乘誓言等类：

1）抉择三乘与四部密续之区别和性相之安立、观修次第等类有《三相灯炬》与《三乘安立论》及《入密乘疏》等14部。

2）有关安立誓言与律仪等类有：《上师五十颂论》与《摄集一切誓言》及《三律仪论光鬘》等9部。

3）有关护法与财神等类有《多闻天王修法》与《毗那夜迦秘密修法》及《吉祥持财天女坛城仪轨》等27部。

以上宣示与四部密续之安立和密乘誓言等类共计50部，1函。

（23）初入门者作行次第与吉祥颂词等类：

1）赴圣地之方法与向上师作祈祷等类有《去普陀山之路线指南》、《八十四位大成就者祈请文》、《略示大菩提》等4部。

2）供曼扎与制作小泥塔等昼夜之法事类有《曼扎仪轨》与《菩提坦途》及《初入门者积集资粮之简略次第》等9部。

3）有关各种食子仪轨类有《摄集自诸密续之食子仪轨》与《一切护法之食子仪轨》及《水施食子仪轨》等12部。

4）有关吉祥颂词类有《吉祥三宝偈颂》与《吉祥五如来偈颂》及《八吉祥颂》等5部。

以上初入门者作行次第与吉祥颂词等类共计30部，半函。

（24）德格版与卓尼版中缺，北京版与那塘版中有的密续类的法部有：

1）胜乐续疏类有《金刚空行论疏之讲解》与《吉祥金刚空行续之真实性释难》等2部。

2）新增补有关灌顶与能解二次第之支分，各种常用法类有《常用赞颂偈》与《怙主弥勒赞——赎免死难》与《时轮续心要释——无垢光》、《十三本尊之坛城仪轨》、《金刚萨埵幻化网光明手印》、《密续王吉祥密集广释》、《阿底峡之密咒十三传规》（入密咒要义与延寿仪轨及临终应宣要法等）、《大黑天之十法类》、阿阇黎毗瓦巴所著《消除成就无死亡之八寂静过患之窍诀》、《修法海汇之补阙修法》等523个法部。

上述德格版与卓尼版中没有，北京版与那塘版中有的密续法类共计525部，8函。

以上密咒金刚果乘的密续共有2938部，86函。

2. 内明类之显宗性相因乘类又分七类：

（1）有关般若波罗蜜多类：

1）有关现观庄严类有《般若波罗蜜多之窍诀论著——现观庄严论》与《圣者般若波罗蜜多八千颂释难——最胜心要》及《般若波罗蜜多摄义——灯炬》等21部。

2）般若佛母各别疏释类有《般若波罗蜜多十万颂广释》与《般若波罗蜜多金刚能断经广释》及《般若波罗蜜多心经讲解》等18部。

上述般若波罗蜜多类共有39部，16函。

（2）有关甚深中观类：

1）主要抉择正见的论著有《中观根本智慧论》等中观六论与《中观四百论》及《中观根本智慧论释——慧灯》等86部。

2）有关宣示观修次第的论著有《观修次第》与《般若波罗蜜多乘观修次第窍诀》及《禅定六法安立》等27部。

3）有关主要宣讲菩萨教诫与行持的论著有《集经论》与《集学论》及《菩提道灯论》等33部。

4）有关皈依与发心等仪轨类有《发菩提心仪轨》与《受持菩提心戒仪轨》及《皈依六支分》等15部。

以上甚深中观类共计161部，17函。

（3）诸经部注疏类有《圣解深密经讲解》、《随念佛陀诠释》、《宣讲圣诸法平等自性的三摩地王大乘经释》、《圣解深密经广释》等共计40部，10函。

（4）有关大乘唯识类：

1）有关抉择唯识宗见地之论著类有《大乘经庄严论》与《大乘宝性论》及《大乘百法明门论》等50部。

2）有关宣示唯识宗观修的论著类有《禅定灯炬论窍诀》与《般若波罗蜜多之观修窍诀》与《入瑜伽之窍诀》等8部。

3）有关宣示唯识宗之行持与教诫之论著类有《菩萨戒二十偈颂释》与《定法品》及《中观庄严论之窍诀》等5部。以上大乘唯识类的论著共计63部，17函。

（5）有关初转法轮之论著：

1）有关宣示增上慧学论藏之论疏有《世间安立论》与《俱舍论偈颂品》及《俱舍论释》等13部，9函。

2）有关宣示增上心学之经藏论疏有《法集要颂经》、《圣法界心要诠解》、《颂集论》等5部，2函。

3）有关宣示增上戒学之律藏论疏，其中包括佛语各别之论疏类和戒律之总体教言论疏类两种：甲、佛语各别之论疏类有根本教言之论疏与讲解教敕之论疏两种：①根本教言之论疏有《别解脱经正文解释》（上、下卷）、《别解脱戒广释——普摄律仪》、《律经赞颂讲解》等9部，6函；②讲解教敕之论疏类有《圣者根本说一切有部之比丘尼别解脱经释》与《律本事广释》及《阿含杂事品讲解》等5部，3函。乙、戒律教言之总体论疏类有《律经根本颂》与《律经广释》及《居士八戒讲解》等33部，9函。戒学之律藏论疏类共计47部，18函。

以上初转法轮的论著共计65部，29函。

（6）各种本生传类：讲述诸佛菩萨为广利众生、不辞劳苦地以伟大菩萨行作利生事业的本生事迹，有《本生传广讲》、《菩萨本生传——如意藤》、《佛陀行持诗赞》等共计8部，4函半。

（7）各种书翰类：其内容是以教言和书信的形式指导世人如何避免堕入三恶道、寻求胜义解脱、获得真正安乐的方法，有《致国王善说宝鬘》（汉译名为《宝行王正论》）、《尊重宣讲和听闻佛法言教》、《劝诫亲友书》（汉译名为《龙树菩萨为禅陀迦王说法要诀》）、《于阗国授记》等共计45部，1函半。

显宗性相因乘的典籍共计421部，95函。

以上内明显密论典共计3359部，182函。

第三类：因明类有《集量论》、《观察所缘论》（汉译名为《无相思坐论》）、《量学入正理门论》（汉译名为《因明入正理论》）、《量释注疏》、《正理滴论摄义》等共计67部，20函。

第四类：声明类论著及其支分类：

（1）声明论著类有《旃陀罗声明授记》与《迦罗波声明授记》及《妙音声明论》等32部。

（2）声明支分论著类：

1）词藻学论著有《词藻学论著——无死宝藏》（梵藏对照）与《词藻论著——无死宝藏广释——如意宝牛》等4部；

2）诗学论著有《诗学明镜》与《云使》2部；

3）韵律学论著有《韵律学——宝源》与《韵律鬘论赞》及《韵律十二字论》等5部。

以上声明学论及其支分类共计43部，4函。

第五类：医方明类有《医药百方篇》、《医学八支心要》、《医道仪轨》等7部，5函。

第六类：工巧明类：

1）点金术论等类有《制作水银论》、《点金术略论》、《佛像性相论》等11部。

2）有关因缘与历算及占卜等类有《缘起之真实性》与《推算寿数之果明讲》及《文殊卜卦论》等10部。

工巧明类之论著共计21部，半函。

第七类：共同世间道德论类有《百智论》、《世间道德论——智慧树》、《世间道德论——涵养士夫精滴论》、《观察人性论》等共计19部，半函。

第八类：有关在三大目录中编有的前译时期藏地学者们所著论

典类：

（1）标有作者姓名之论著有《翻译名义集》与《声明要领二卷》及《圣者解深密经讲解》等20部。

（2）未标有作者姓名的论著有《生起胜观之方法》与《入寂止方法》及《入禅定略讲》等3部。

前译时期藏地学者们所著论典共计23部，3函半。

第九类：回向、发愿和吉祥颂类有《圣者普贤行愿品》、《圣者弥勒誓愿王经》、《入菩萨行誓愿》、《法施回向偈》、《三宝吉祥偈》等共计45部，半函。

第十类：增补的经部和其他明处等各种论著有《俱舍论释——天铁霹雳》、《甚深密咒论》、《词根论》、《瑜伽行传规观修了义法》等共计43部，5函。（按德格版《丹珠尔·目录》中记载："此类论著的目录是从五世达赖所著《丹珠尔目录》中摘录。"德格版目录中此类论著的名称虽列在第九部分之中，但正文列在回向、发愿及吉祥颂等第十部分之后，由此可知是后来增补的。）

以上其他明处论典共计268部，38函半。

根据《丹珠尔·对勘本》统计，藏文的论典共计3700部。（在德格版《甘珠尔》和《丹珠尔》中，虽在各类中分别编有藏传佛教后弘期从印度来到西藏的著名佛学家阿底峡尊者的译作和论著，然为方便学者和修行者研习，德格印经院曾把阿底峡尊者的《菩提道灯论》、《入二谛论》、《发菩提心仪轨》、《观修次第》等小品译作和论著重复汇编为一函，共计103部，称为《阿底峡小品集》，刻板后印刷流通。20世纪60年代，日本大谷大学大藏经研究所编译德格版《甘珠尔》与《丹珠尔》目录时，把《阿底峡小品集》的目录编在《丹珠尔》目录之后。）

依于历代大德所发心，
安乐之源如来圣教法，
如日中天普照惠群生，
善妙法喜充满三千界。

知念铁钩驯服心识象，
引入安分善道别解脱，
佛之补处佛教总根基，
堪为赞叹律藏极殊胜。

但以稳如须弥静虑心，
息灭昏沉掉举之飓风，
成就觉性光明如日辉，
极为殊胜经藏前赞叹。

胜观火焰堆聚甚炽燃，
烧毁我执烦恼毒刺林，
赋赐增上智慧胜学处，
恭敬赞叹论藏极深密。

深明无二金刚三摩地，
以及念修本尊密咒力，
即身成就无上菩提果，
不共圣乘密续极微妙！

虽经无量劫波艰苦行，
仍难成就极密双运身，
然而具缘士夫于此生，
能获成就乃是密乘殊。

生死中阴本体凡夫识，
转为身智如点石成金，
改与无改但于道时中，
圆具三身无上密乘殊。

本元纯洁似如天真童，
受用大乐胜境光明界，
远离二取戏论达究竟，
达练一贯无上胜特点。

持命风如皎洁盛月轮，
能所二依显现智幻身，
受用吉祥双运游舞乐，
诚为稀有无上密乘殊！

无变大密四续旨意藏，
至深生圆二次胜宝源，
方便智慧乐空圣法库，
金刚密乘独特难思议。

能速引度轮回诸众生，
脱离苦海升登解脱地，
此乃乘借清净愿风之，
金刚密乘宝舟唯一殊。

（以上为此段内容结尾之偈颂）

第五章 《藏文大藏经》对勘、出版概况

一、对勘、出版缘起

1986年中国藏学研究中心成立后，根据多吉杰博和土登尼玛等著名藏族学者的提议，中国藏学研究中心向中央有关部门呈报了《关于整理出版〈中华大藏经〉（藏文部分）的报告》。报告中说明："整理出版《藏文大藏经》，使之与正在陆续出版的《中华大藏经（汉文部分）》珠联璧合，构成世界上独一无二的最完整的《中华大藏经》，无论在宗教上还是在文化上都具有深远的意义。"中共中央和国务院非常重视这项工作，同意拨专款用以对勘出版《藏文大藏经》，并决定由中国藏学研究中心承担这项工作，要求做到"精心组织、精心指导，使整理、出版的《藏文大藏经》对勘本达到高质量高水平"。经中央书记处批准，于1987年5月在成都成立了大藏经对勘局，直属中国藏学研究中心领导，由四川省原人大副主任扎西泽仁主持，土登尼玛教授具体负责业务工作，并先后聘请白雅活佛、

钦绕威色、更登、赞拉·阿旺次成、吉明、降白平措、木雅·贡布、益西达吉、华日·根嘎、多德等十多位专家和一百多位藏族青年会集在成都，展开了有史以来第一次大规模的藏文大藏经对勘、出版工作。此项目先后列入全国哲学社会科学“七五”规划及“九五”出版计划等国家重点项目。

二、对勘、出版的原则和程序

藏文大藏经由《甘珠尔》和《丹珠尔》两大部分组成，按顺序开展对勘工作，本应先对勘《甘珠尔》，但因《甘珠尔》的版本多达12种，有些版本流失到国外，一时难以收齐，而《丹珠尔》只有4种版本，较容易收集，于是就决定先对勘《丹珠尔》。《丹珠尔》诸版本中，《德格版·丹珠尔》是公认的错字较少、字体优美、发行量较大的版本，故对勘时是以德格版为底本，以北京版和那塘版、卓尼版为参校本而进行对勘的。对勘的原则是在保持版本原文的前提下，除对原文中由于印板缺损或缮写印板样稿时的少数明显错字参阅其他版本进行更正外，对原文一般不做任何修改和按断。对勘出四种版本中的不同译法和阙文、衍文、编序不同、分句符号与词句不同等，均在对勘本每个法部后面的对勘注和对勘表中一一列出。

对勘局的工作程序，从对勘至最后出胶片之间共经过12项44道程序：首先，对勘组细致周密进行指读与拼读对勘，核定字数与对勘表复审，标明对勘注，为整个对勘工作奠定了坚实的基础。其次，经过编辑组针对对勘组提供的校注进行取舍核定，进行第一、第二校，编页和校注对页、轮流核对校注、清校等工序后，由验收组再次核定校注和修改错别字，审校行末分句符号、目录对页、轮换核对校注等，以多种工序使其达到高质量后上交给编辑部主任验收。

在这些工作程序中，微机组承担文字输入和阶段性的所有改样工作，校对人员经过比历史上传统的校对程序即净校、复校、义校、终审等更为细致的拼对、指对、净校、复校、读校、终校、审校等多种程序，校对次数达十二次之多。对于母本德格版中出现的以往校对时遗漏的不少书写错字与刻版错字及有疑点文句等处，请教多位专家学者，共同研究商讨并参阅其他诸版本进行修正，使对勘本之正文成为没有错字和混乱而达到普遍认可和信赖的最佳版本。以下将对勘局的所有工作程序详细介绍如下：1. 收集资料→2. 对勘者初次指对（以德格版作为母本与其他诸版本核对）→3. 拼读对勘→4. 复核（对勘者轮流阅读）→5. 统计字数与确定表格→6. 编辑人员核定对勘注→7. 录入电脑（第一次打印）→8. 初次校对（拼读）→9. 拼读者初次复核（指读）→10. 初次电脑校改（第二次打印、拼读者核对电脑改样）→11. 编辑初次校对（指读）→12. 第二次电脑校改（排版、第三次打印、编辑核对电脑改样）→13. 第二次校对（拼读）→14. 拼读者第二次复核（指读）→15. 第三次电脑校改（第四次打印、拼读者核对电脑改样）→16. 编辑二次校对（指读）→17. 第四次电脑校改（排版、核对对勘注、第五次打印、编辑核对电脑改样）→18. 编辑轮换核对对勘注→19. 第三次校对（指读）→20. 复核→21. 专家初次通读→22. 编辑第三次校对（指读与清样）→23. 第五次电脑校改（第六次打印、编辑核对电脑改样）→24. 终校者初次指读→25. 终校者确定指读所查错字→26. 专家第二次通读→27. 验收人员核定对勘注→28. 终校者验收审定目录→29. 第六次电脑校改（第七次打印、验收者核对电脑改样）→30. 验收员第一次修改和核对对勘注及校改行末与分句符号→31. 第七次电脑校改（第八次打印）→32. 验收员核对目录→33. 验收员轮换核对对勘注→34. 验收后的复核→35. 终校人员第二次指读与确定核对对勘注之错字→36. 确定终校人员第二次指读与核对对勘注之错字→37. 总编室主任最后验收→38. 补造梵文→39. 第八次电脑校改（第九次打印）→40. 目录验收者复核目录与对页→41. 绘画人员绘制佛像插图→42. 出胶片→43. 验胶片质量→44. 印刷装订成书。

三、对勘、出版藏文大藏经的必要性

最初我们进行对勘时，虽然有些学者提出《藏文大藏经》的各种版本除虚词和判位词有些差异外，在内容上并没有什么差异，没有多大必要进行对勘。但经过我们逐字逐句地仔细对勘，发现不仅仅是有些虚词和判位词的区别，而且还有词句不同，有不少法部和字数的衍、阙、编序不一或混乱、重复，同一法部不同的译本等较多差异。此外，《甘珠尔》和《丹珠尔》的各种版本，由于年代与刻版主持者所属的教派不同等原因，收集法部的数量和编序也不尽一致，每个版本都具备了各自的特点。由于上述多种原因，各种版本都有必要进行对勘。

经过实际对勘，证实诸《丹珠尔》版本中，德格版的错字较少，编序较井然，可以说是诸版本中质量最好的版本。由于卓尼版中除礼赞部外共207函都是以德格版为母本而刊刻的，故卓尼版在内容和编序方面约97%与德格版相同，只是卓尼版比德格版少了德格版后来增补的声明学论典一函和杂部4函，共计5函（由此可知卓尼版在参照德格版刊刻时,德格版尚未增补杂部这五函。)因此《卓尼版·丹珠尔》共计208函,《德格版·丹珠尔》则有213函。虽然藏地的写本和刻本《丹珠尔》多数都是以《夏鲁丹珠尔》为母本而缮写或刊刻的,但由于北京版和那塘版都是以第司·桑结嘉措主持缮写的《丹珠尔》手写本[①]为母本而刊刻的,故这两种版本的编序和函数都极为相似。这两种版本都是225函,其中密续部中比德格版和卓尼版多了《密集续之论疏》和《大黑天续部》等525个法部,12函。公元18世纪刊刻《德格版·丹珠尔》时,由于卫藏与康藏之间路途遥远交通不便等原因,未能收集到早于德格版一个世纪的《第司写本·丹珠尔》,故德格版中少了第司写本中有的《密集续之论疏》与《大黑天续》等525个法部,这并不是刊刻德格版时对第司写本中多出的500多个法部产生怀疑而未编入德格版中,更不是因德格版《丹珠尔》的主编者执教派偏见而删减了第司写本中的多出的法部。在《德格版·丹珠尔目录》中写道:"往昔在康藏地区历史上尚未有将所有译成藏文的论著缮写并汇编在一起的习俗,故能够参照的底本极为稀少。"由此可知当时刊刻《德格版·丹珠尔》时,尚未收集到《第司写本·丹珠尔》。这四种版本中,也有同一个法部不同的译本和少量有些版本独有的法部。二十多年来经过一百多名业务人员的共同努力,《丹珠尔》对勘出版工作现已完成。新出版的《丹珠尔》对勘本是将每两函梵箧本编为精装十六开本一册,每册1500多页,全套对勘本连同目录共计124册。

① 公元1682年,藏历第十一饶迴水狗年,五世达赖圆寂后,第司·桑结嘉措密不发丧,并以为五世达赖长久住世祈福消灾的名义,组织人员在琼结钦瓦达孜王宫以《夏鲁丹珠尔》为母本缮写《丹珠尔》,同时还参照供奉在大昭寺和哲蚌寺、色拉寺、阿里地区等处的诸《丹珠尔》写本,并将自布顿大师编辑《夏鲁丹珠尔》后至当时三百多年间新译或新收集到的显密及其他学科的论著共780部,增补在新缮写的《丹珠尔》中,此《丹珠尔》写本共计225函。

《甘珠尔》共有12种版本，我局收集了主要8种版本，现已圆满完成《甘珠尔》的对勘和编校及出版等所有工作，新出版的《甘珠尔》对勘本是将每函梵箧本编成精装十六开本一册，全套连同目录共计108册。对勘的主要八种版本分别是永乐版、丽江版（又称理塘版）、北京版、卓尼版、那塘版、德格版、拉萨版、库伦版。除这八种版本外，其余四种版本（万历版、然甲版、瓦然版和昌都瑶苍版）都是以永乐版和德格版、拉萨版为母本而刊刻的，故没有列入对勘之中。

经过初步对勘发现，诸《甘珠尔》版本中错字最少、编序最井然的是德格版。其后是拉萨版，以拉萨版而言，在字体和编序、校对及使用虚词、判位词及分句符号等方面，比其他版本细致和规范。其后的质量排位分别是那塘版、库伦版、卓尼版、丽江版、北京版和永乐版。库伦版与那塘版及拉萨版三种版本中比其他诸版本多出了后来增补的新译经部一函名为《大佛顶如来密因修证了义诸菩萨万行首楞严经》。永乐版和丽江版、卓尼版、北京版等四种版本中比其他诸版本多出了十万陀罗尼一函（全是咒文）。此外德格版和丽江版及库伦版三种版本中比其他诸版本中多了《时轮摄略续疏——无垢光》一函。德格版和库伦版中增补有将诸密函部中之各种咒文重复汇编成两函，名为《陀罗尼集》（此应是为便于佛教徒念诵而汇编的）。

总的来说，藏文大藏经《甘珠尔》与《丹珠尔》这部巨大丛书，是自公元9世纪初编写《登噶目录》起至公元1682年第司·桑吉嘉措主持缮写《第司·丹珠尔》共八百多年之间，经历代主持缮写或刊刻藏文大藏经的各教派大德们多次收集和整理及多次增补，就逐渐形成了现在这样的鸿篇巨制。

从20世纪初起先后就有法国与日本、德国、意大利、捷克、丹麦、美国等不少国家的藏学机构和个人开始研究藏文大藏经。其中最为突出的是日本，在1925年，日本学者、哲学博士井宇伯寿教授与哲学博士铃木宗忠教授、哲学博士金仓圆照教授，以及东北帝国大学讲师多田等观等四位学者，开始从事《藏文大藏经·德格版总目录》的编纂工作，历时九年，于1934年完成。此目录共有八项内容：1. 藏文经名；2. 藏文经名拉丁文转写；3. 藏文经名汉译；4. 梵文经名之拉丁文转写；5. 汉译本之经名；6. 著者名；7. 译者名；8. 校订者名。1950年日本芳树修基著《〈登噶目录〉——西藏佛教典籍中一部最古老的目录书》，1955年至1958年之间，日本大谷大学西藏大藏经研究所编辑并影印出版了《北京版·西藏大藏经》，向国内外广为发行，成为国际通行本。1959年日本任生台舜先生著《卓尼版、北京版、德格版、那塘版〈甘珠尔〉部分内容比较表》，同年日本米布先生著《卓尼版、北京版、德格版和那塘版〈甘珠尔〉法部名称比较表》。1960年日本多田等观著《论东京大学所藏的拉萨版藏文〈大藏经〉》。1959年至1961年日本高畸直道著《影印北京版西藏〈大藏经〉总目录索引》。1961年日本增印出版了《北京版·西藏大藏经总目录》及其索引。1967年日本藏学研究者编写了《大谷大学所藏藏文〈大藏经〉那塘版论疏部目录》一书。1975年日本长岛尚道著《大正大学所藏那塘版藏文〈大藏经·甘珠尔〉目录》。1982年日本影印出版了《德格版·藏文大藏经》。此外1909年至1915年法国考狄尔先生著《巴黎国家图书馆藏藏文大藏经目录》。1949年意大利图齐先生著《西藏札记：〈藏文大藏经〉》。1960年德国梅色扎呵著《关于原普鲁士国家图书馆藏德格版〈丹珠尔〉》。1962年捷克海涅斯著《关于1742年刊藏文〈丹珠尔〉刻本的皇帝序言》。同年捷克高马士著《布拉格的〈甘珠尔〉和〈丹珠尔〉说明》。1962 年丹麦哈尔著《德格版和拉萨版〈甘珠尔〉比较表》。1968 年美国拉耶夫著《论不同版本的〈甘珠尔〉及其版本记录》。同年，美国比邵夫著《甘珠尔及其版本记录》一书。1980 年德格白玉寺之属寺果洛达塘寺的更噶活佛，在美国的加利福尼亚影印出版了全套德格版藏文《甘珠尔》100 套，每套共 120 册。

相对而言，到 1987 年以前，国内学者专门研究有关藏文《大藏经》版本及目录方面的著述寥寥无几，缺乏用现代手段整理、校勘和编辑藏文《大藏经》。1987 年起至今，中国藏学研究中心《大藏经》对勘局组织、领导进行了历史上版本最多、时间最长、参与人数最多而全面的《藏文大藏经》对勘、编辑工作，并应用现代高科技技术出版了堪称世界第一流的藏文大藏经对勘本。

四、对勘、出版藏文大藏经的成果及对勘本的主要特点

1. 经过对勘和编辑，新出版的对勘本中无有遗漏地摄集了各种版本的所有内容。

2. 将各种版本的缺、衍及编序混乱等不同之处，列在每个法部后的对勘注中。

3. 将每个法部所在的各种版本之函部标记与页数、篇章、卷数、行数及字数等，在对勘本每个法部后面的对勘表中一一列出。

4. 新出版的藏文大藏经对勘本能体现诸版本各自的特点，为广大读者与研究者提供方便，以免除查阅多种版本的困难，成为当今

世界上最完整和最权威的研究藏文大藏经的宝贵资料。

5. 多年来从国内外收集大量的资料，现今已收藏世界上极为珍贵的二十多种藏文大藏经刻本与写本之原件或缩微胶片。

6. 经过多年的工作实践，培养出百余名胜任藏学研究和藏文古籍整理的藏族青年。

总而言之，如上所述，具备多种善妙功德之藏文大藏经对勘本，其内容与对勘、编校及印刷装帧等方面的质量，堪称世界一流。此对勘本荣获第三届国家优秀图书奖。此对勘本的问世，乃为史无前例的一大壮举，使如来圣教得以兴盛、长久住世，为继承和宏扬藏族传统文化作出了无与伦比的贡献，特别是对于人类精神文明的进步将起到不可估量的作用，贡献出前所未有的丰硕成果，就此已得到国内外诸多有识之士的认可和赞叹。

尊以悲愍绢索神变力，
救度陷于苦海诸众生，
升登恒常安乐解脱地，
无欺具德导师薄伽梵。

最胜救主历经万苦行，
获证妙善寂静菩提道，
并以八万四千梵法音，
唤醒三界如同春雷鸣。

为使佛语以及诸论典，
千秋万代不衰长住世，

广为刊印流布诸版本，
无尽法施功德堪最胜。

特别值此五浊末法时，
开启前所未有藏经库，
圆满无误济世宝典籍，
此乃国家英明政策惠。

能诠言词句句皆具有，
如同旭日明耀智悲光，
何者有幸拜读此宝典，
广开智慧二利任运成。

沉沦轮回苦海诸众生，
备受烦恼鳄鱼吞噬苦，
能度群生升登极乐岸，
谁不登乘法宝慈航舟！

（以上为此段内容结尾之偈颂）

第六章　藏文大藏经的特点

佛教大藏经主要有藏文与汉文及巴利文等几种文字。由于各种文字的大藏经形成的年代与地区不同，故各种文字的大藏经都具有各自殊胜的特点。其中藏文大藏经具有圆具显密、译文精确等诸多特点，以下简要介绍藏文大藏经的特点。

现将《藏文大藏经对勘本总目录》与《汉文大藏经》（《大正新修大藏经总目录》）作一比较，就可显出《藏文大藏经》的特点：藏文大藏经《甘珠尔》中有密续经典757部、显教经典382部，共计1139部；《丹珠尔》中有礼赞部73部、密续2938部、显教及其他明处经论689部，共计3700部。整个《藏文大藏经》中有密续典籍3695部、礼赞部73部、显教及其他明处经论1071部，共计4839部。其中前译时期藏族学者的论著只有30个法部，仅占总数的0.62%，其余99.38%都是从梵文或尼泊尔及迦湿弥罗、汉地等文字译成藏文的。

根据大正新修大藏经（汉文）目录统计，汉文大藏经中显密法类总共有3039个法部：其中性相因乘有2251个法部（占大藏经总数的74.07%)；金刚乘有788个法部（占大藏经总数的25.93%)；以上法部中从梵文译成汉文的有1825个法部（占大藏经总数的60.05%)；从藏文译成汉文的有14个法部（占总数的0.46%)；其余1200个法部（占大藏经总数的39.49%)，皆是汉地与日本及高丽等地区的高僧们所著的解释佛语密意的各种论疏和本生传及高僧传等。

大正新修汉文大藏经中属于佛语范畴的经典共有1629个法部（占大藏经总数的53.60%)。其中，性相因乘的经典有1004个法部（占佛语部总数的61.63%)；金刚密咒果乘的经典有625个法部（占佛语部总数的38.37%)。属于佛语部的这些经典都是从梵文及藏文译成汉文的：从梵文译成汉文的经典共有1616个法部（占汉译佛语部总数的99.20%)；从藏文译成汉文的经典有13个法部（占汉译佛语部总数的0.80%)。

大正新修汉文大藏经中解释佛语密意的论典总共有1410个法部（占大藏经总数的46.4%)。其中，性相因乘的论典有1247个法部（占论典总数的88.44%)；密咒金刚果乘的论典有163个法部（占论典总数的11.56%)。

上述解释佛语密意的论典总共有1410个法部。其中，从梵文译成汉文的论典有209个法部（占论典总数的14.82%)；从藏文译成汉文的论典有1个法部（占论典总数的0.07%)；无作者姓名的论典有185个法部（占论典总数的13.12%)；汉地佛教大师们所著论典有441个法部（占论典总数的31.28%)；日本佛教大师们所著论典有546个法部（占论典总数的38.72%)；高丽与新罗的佛教大师们所著论典有28个法部（占论典总数的1.99%)。

千百年来，《藏文大藏经》经陆续增补而形成现今这样大部头的大藏经。如上所述，《藏文大藏经》中除前译时期藏族高僧大德的三十个法部编在《丹珠尔》中外，其后陆续增补入藏的都是以梵文为主等其他文字译成藏文的经、论，藏族高僧大德的论著均未入藏，故《甘珠尔》和《丹珠尔》仅指的是从梵文等其他文字译成藏文的显密佛语经典和论典及其他学科的论著，并不代表藏传佛教的所有经论。

虽然《藏文大藏经》的法部总数比《汉文大藏经》多，其中主要多是密续部分，如同上述，汉文大藏经中密续法品总共只有788部，而藏文大藏经中密续法品总共有3695部，比汉文多四倍多。但是也有《汉文大藏经》中独有而《藏文大藏经》中没有的经典和论典，就目前所知，例如《大毗婆娑论》①，此论著共200卷，由十万首偈颂组成，是一部最早的全面详细阐述分别说一切有部之基、道、果理论的重要小乘论著。公元7世纪中期唐代玄奘法师曾把此论典从梵文译成汉文。

据《莲花生大士传》（藏文版）中记载：“早在公元8世纪赤松德赞时期，曾由知那弥扎和熙能扎菩提、达南熙拉等论师们与西藏大译师巴阁·毗若遮那等开始翻译此论典，但未能译完，当时将未译完之译稿和梵文原典供奉在桑耶寺之顶楼上。”如前面第三章所述：“又据史书记载：‘公元十二世纪末大译师顶洛·楚逞迥勒与大论师阿朗噶德瓦曾翻译《大毗婆娑论》，当译到三分之二时因论师圆寂而未能完成译著。’”1945年在藏地大学者格西东本巴·阿旺尊珠和其弟子格西益西迥勒并噶桑泽仁、噶桑益西等以及汉地太虚大师等善知识的劝请下，并由李志锋、刘子千、张学源（以上三位人名

---

① 公元前3世纪阿育王时代，阿罗汉优婆俱多与其弟子月珍等五百阿罗汉在北印度宾陀山名优寺集体撰写的一部论著名为《大毗婆娑论》。

是汉名藏音译汉）等几位汉地居士资助，由法尊法师主持，开始将《大毗婆娑论》由汉文译成藏文，历时五年，于1949年完成。

20世纪50年代初，法尊法师在北京把此藏译本赠送给第十四世达赖喇嘛，希望能增编在藏文大藏经中。后来由于种种原因未能如愿。此译本之原稿后来遗失，虽多方查找，尚未找到，1999年著名学者土登尼玛活佛从国外找到此译本中之“发智论序”和“译跋”。2006年12月土登尼玛活佛在国外藏胞大学者扎西泽仁先生的协助下，从国外收集到《大毗婆娑论之本颂》（20卷）与其注释200卷中之172卷（尚缺28卷）译稿，将之送到中国藏学研究中心大藏经对勘局，以增补在《丹珠尔·对勘本》附录中。此外，《大智度论》（100卷，龙树著、鸠摩罗什译）等不少显宗经论在《藏文大藏经》中就没有。

据公布嘉（公元1650年诞生于蒙古成吉思汗家族，他是一位博通蒙、藏、汉、满等四种文字的著名大学者，在清乾隆年间他用藏文撰写了《汉区佛教源流——智者普喜耳饰》一书，由于他的博学与德行而被尊称为贤公大译师，并备受乾隆皇帝的青睐。他终生守持居士戒，他的著述还有《蒙藏对照正字字典》与有关天文历算等方面的论著。其译著有《佛像度量论》、《金刚寿陀罗尼》及其修法、《秘密舍利陀罗尼》、《吉祥无二尊胜体性金刚第二十二品》［从汉文译成藏文缺首页］等）所著《汉区佛教源流记》（藏文版）中记载：《汉文大藏经》中有而《藏文大藏经》中没有的显宗经论有160多部，密续有20多部。《土观宗派源流》中亦说：“在汉文《大藏经》中亦有很多未译成藏文的经典。”根据《德格版·甘珠尔目录》可知，印度所有中转法轮般若类的经典均译成了藏文。有关经藏类译成藏文的有《百业经》与《法集要颂经》及《圣者法界心要经》等少量经典。如上所述在藏文大藏经之《甘珠尔》中，译成藏文的显宗佛语经典只有382部，然而在汉文大藏经中属于佛语部的显宗经典共有1004部，虽然比藏文多了近三倍，但是藏文大藏经中的密续法部数比汉文大藏经多了四倍多。此外藏文中其他学科的译著也比汉文多，例如，从梵文译成汉文的因明论著只有2部，而从梵文译成藏文的因明论著达67部、20函。另外，当今著名藏学家黄明信先生所著《汉藏大藏经目录异同研究》（黄老先生说："这仅仅是藏汉大藏经目录的对勘成果"）一书中写到，汉、藏大藏经中共有的佛语经典及其论典约640部，汉文大藏经中有，而藏文大藏经中缺的达497部。《藏文大藏经》与《汉文大藏经》的实际差异还有待对勘藏、汉大藏经每个法部的正文作进一步研究，这样才能获得确切的答案。

《藏文大藏经》中有一些显密经典和论著是从汉文译成藏文的，根据《登噶目录》可知由汉文译成藏文的大乘经有：《圣者大涅槃经》（二万六千偈颂、四十二卷）与《圣者贤愚经》（三千九百偈颂、十三卷）及《圣者金光明最胜王经》（三千偈颂、十卷）、《圣者入楞伽珍宝品》（二千四百偈颂、八卷）、《圣者大善巧方便报答佛恩妙法文字》（二千一百偈颂、七卷）、《圣者金刚三摩地妙法文字》（一千八百偈颂、六卷）、《圣者佛藏库》（一千五百偈颂、五卷）、《圣者最胜金光明经藏王》（五卷）、《圣者消除阿阇世王悔恨经》（五卷）、《圣者大方广解脱经》（七百一十二偈颂、二卷余）、《圣者菩萨别解脱四法修持》（七百偈颂、二卷余）、《宣示圣者大顶髻之妖魔品》（六百偈颂、二卷）、《梵网经》（二卷）、《法王母经》（二卷）、《彻底回向轮》（二卷）、《宣示报答父母恩经》（三百偈颂、一卷）、《太子须大拏经》（一卷）、《宣示众生生死根本经》（一卷）、《圣者弥勒授记经》（一百一十偈颂）、《十善受持经》（一百偈颂）、

《宣示法性如如不动显现于本体自性》（九十偈颂）、《宣讲真实善妙功德》（八十偈颂）、《普善太子经》（四十偈颂）、《圣者临终本智经》（十偈颂）等24部。有关从汉文译成藏文的经藏论疏有：《圣者解深密经大疏》（二万一千偈颂、七十四卷）与《解深密经疏》（二千七百偈颂、九卷）、《圣者妙法莲花经释》（六千偈颂、二十卷）、《圣者入楞伽经大疏》（一万二千偈颂、四十卷）、《入楞伽经疏》（七百六十偈颂、二卷余）、《奔达尔答哩那所译入楞伽经释》（九百偈颂、三卷）、《圣者金刚能断经释》（一千五百偈颂、五卷）、《妙法王母讲解》（一千二百偈颂、四卷）等共计8部。此外根据日本东北帝国大学于1934年编写之《德格版甘珠尔与丹珠尔目录》统计：《甘珠尔》中从汉文译成藏文的显教佛经有《大宝积经被甲庄严会第七》（管·法成译）、《入楞伽经》和《楞伽阿跋多罗宝经》（管·法成译）、《圣大涅槃经》（汉地堪布王宝训〈藏文音译〉与禀持佛法之格威洛卓及嘉措德译师等翻译并审定）、《佛说观弥勒菩萨上生兜率天经》、《大佛顶如来密因修证了义诸菩萨万行首楞严经》。［注：简称《楞严经》共十卷，公元8世纪初大唐神龙元年天竺沙门般刺蜜帝把此部经典从梵文译成汉文，是一部很重要的佛教经典。公元1752年章嘉国师向乾隆皇帝禀报了布顿大师之“《楞严经》未有藏译本，五百年后此经典将从汉文译成藏文”之授记，乾隆皇帝下令由庄亲王主持，章嘉国师和傅鼎等担任主校，将汉译本之《楞严经》译成满文，再由满文译成蒙古文，复由蒙古文译成藏文，译稿都要呈交乾隆皇帝亲自审阅。历时十二年，于1763年翻译完毕后，刊印了汉、满、蒙古、藏四种文字合璧的《楞严经》，乾隆皇帝还为此撰写了《御制楞严经序》。下将《御制楞严经序》全文转载如下：

御制楞严经序：

三藏十二部皆出自天竺，流通震旦。其自西达东，为中途承接者，则实乌斯藏天竺，即所谓厄讷特克乌斯藏，即所谓土伯特也。故今所译之汉经，藏地无不有，而独无楞严。其故以藏地中叶有所谓浪达尔玛罕者，毁灭佛教，焚瘗经典，时是经已散失不全，其后虽高僧辈补苴编葺，以无正本莫敢妄增。独补敦祖师曾授记是经当于后五百年，仍自中原译至藏地，此语乃章嘉国师所诵梵典，炳炳可据。朕于几政之暇，每爱以国语翻译经书，如《易》《书》《诗》及四子书无不蒇事，因思皇祖时曾以四体翻译心经，皇考时曾锓而行之，是楞严亦可从其义例也。咨之章嘉国师，则如上所陈。且曰：心经本藏地所有，而楞严则藏地所无，若得由汉而译清，由清而译蒙古，由蒙古而译土伯特，则适合补敦祖师所授记，虽无似也，而实不敢不勉焉。因命庄亲王董其事，集章嘉国师及傅鼐诸人悉心编校，逐卷进呈，朕必亲加详阅更正。有疑，则质之章嘉国师。盖始事则乾隆壬申，而译成于癸未，庄亲王等请序而行之。朕惟楞严者，能仁直指心性之宗旨，一落言诠，失之远矣，而况译其语，且复序其译哉。然思今之译，乃直译佛语，非若宋明诸僧义疏会解，哓哓辨论不已之为。譬诸饥者与之食，渴者与之饮，而非拣择其烹调、引导其嗜好也，则或者不失能仁征心辨见妙谛。俾观者不致五色之迷目，于以阐明象教，嘉惠后学，庶乎少合皇祖皇考宣扬心经之义例乎。

乾隆二十八年十月十八日。

到目前为止，除《甘珠尔·那塘版》与《甘珠尔·拉萨版》、《甘珠尔·库伦版》之尾后增补有此藏译本之完整版外，其余诸版本中均未有此藏译本之完整版。据调查获悉，此四体《楞严经》收藏在北京雍和宫，2007年大藏经对勘局派人前往雍和宫复制了此四体《楞严经》，其藏译部分已增补在《甘珠尔·对勘本》中。经过对勘发现，《甘珠尔》之永乐版与丽江版、北京版、那塘版、卓尼版、德格版、库伦版、拉萨版等八种版本中均编有此法部之藏文第九卷（汉文从第九卷“……即时如来将罢法座。于师子床。揽七宝几回紫金山再来凭倚。……阿难。若有众生能诵此经，能持此咒，如我广说穷劫不尽，依我教言如教行道，直成菩提，无复魔业。佛说此经已，比丘、比丘尼、优婆塞、优婆夷，一切世间天、人、阿修罗，及诸他方菩萨、二乘、圣仙童子，并初发心大力鬼神，皆大欢喜。作礼而去。大佛顶如来密因修证了义诸菩萨万行首楞严经卷第十”），其标题亦名为《大佛顶如来密因修证了义诸菩萨万行首楞严经一万品之第十品》之不同译本，无译者名。据德格版《甘珠尔》目录中记载，在后弘期初卫藏十大学者之一、著名高僧鲁麦·楚逞西绕时期，就已有此译本传世。从藏文译成汉文的显教经典还有《大佛顶首第九卷之邪魔品》、《大乘大集地藏十轮经》（藏地译师朗巴弥多巴与汉地深密和尚等翻译）、《圣三摩地轮大乘经》（黎域［亦名和阗］之三藏比丘希纳达摩与藏地译师朗巴弥多巴译）、《佛说回向轮经》（黎域［亦名和田］之三藏比丘希纳达摩与藏地译师朗巴弥多巴译）、《妙法王大乘经》、《四十二章经》、《大乘经法海》、《梵网经毗卢遮那佛说菩提心地戒品第十卷》、《圣以正行理趣虚空色降伏忍堪大乘经》、《圣大方广忏悔灭罪成佛经》（又名圣大解脱经）、《太子悉大拏经》、《大方便佛报恩经》、《佛藏经》、《圣临终本智大乘经》、《圣说善恶因果大乘经》（管·法成译）、《贤愚经》（管·法成参梵、汉两种原文译）、《大宝积经佛说入胎藏会第十四》（管·法成译）、《大宝积经净信童女会第四十》（管·法成译）、《得道梯橙锡杖经》（管·法成译）、《叉持锡杖法》（管·法成译）等26个法部。《甘珠尔》中从汉文译成藏文的密续经典有《菩提心要十万庄严陀罗尼》（贡布交译）、《金光明最胜王经》（管·法成译）、《千手千眼观自在菩萨无碍圆满大悲心陀罗尼》（管·法成译）、《如意轮心要陀罗尼》（管·法成译）、《圣缘起大乘经》（管·法成译）、《缘起心要》（管·法成译）、《圣十一面神咒心经》等7部。

《丹珠尔》中从汉文译成藏文的有《三摩地不顺分安立》、《妙法莲花经玄析》、《百字明品》（管·法成译）、《百字明解释》（管·法成译）、《大乘大集地藏十轮经第三无依行品》（管·成法译）、《大乘百法明门论》（应曲吉坚赞比丘劝请，汉地高僧拉尊·曲杰仁钦〔汉名法宝〕译于后藏萨迦寺）、《因明入正理论》（汉地高僧拉尊·曲杰仁钦译）、《圣大乘经部的忏罪、修持仪轨》等8部。从汉文所译经典和论典共计41部。以上从汉文译成藏文的经论中，除少数署有译者名称外其余均未署有译者名称。另外，唐代汉地高僧圆测所著的《解深密经广疏》四十卷曾由西藏著名译师管·法成译成藏文。后来汉文《解深密经疏》第35卷至40卷佚失，1981年中国佛学院观空法师根据藏译本把所缺六卷还译成汉文，使法相宗的这部重要论著得以完整。如前所述，根据《大正新修大藏经目录》统计，从藏文译成汉文的佛语经典及其论典共有14个法部。

也有藏地高僧的论著从藏文译成梵文的，例如藏地希解派之女修行者玛几劳准所著的《甚深能断之修法》和萨迦派大学者萨班·贡噶坚赞所著的《因明正理藏论》，以及宗喀巴大师所著《辨了不了义论·善说心要》等译成了梵文。

公元8世纪末藏王赤热巴坚在位时，聘请迦湿弥罗堪布姿纳弥扎和藏地堪布热纳·绕奇达等人，将一些大小乘之梵文佛教经典和论典译成藏文，并将这些译典的法部名称编入目录之中。以噶瓦·巴则和觉若·鲁尹坚赞、向·益西德三大译师为首的译师和论师们，为了使藏文大藏经中从梵文译成的藏文的诸术语达到规范和统一，新创藏文佛教术语，并编写梵藏对照佛学词典《翻译名义集》作为翻译佛经之工具书。当时就佛经翻译方面，藏王制定了三条译例规定：

第一，今后西藏除说一切有部的僧团外，不成立其他部派的僧团，不翻译其他部派传规的律藏。

第二，不翻译母续类之密续典籍。

第三，所译佛经中的度量衡标准，应按照印度摩揭陀地区之标准执行。译师和论师们将以往所译之佛语经典和论典按照藏王敕令之译例规定加以校订，并新译、校订了许多经论典籍。今后凡是翻译佛经，必须遵照新立之规定而不作他译。为此诸译师和论师们编写了《声明要领二卷》。在《声明要领二卷》中写道："迦湿弥罗之堪布阿扎然·姿纳弥扎与斯冉扎菩提、熙能札菩提、达那希拉、菩提弥札等与藏地堪布热纳·绕奇达、达摩达室拉，译师坚纳色纳、扎雅·绕奇达、曼殊室利瓦尔玛、冉敦扎西拉等，将大小乘之梵文佛经译成藏文，并将新创的佛教术语列入目录中，藏王下令，今后凡译佛经，皆应遵照译经规定，不得有违。并令所有译经人员学习译经规定。针对往昔父王时期，阿阇黎菩提萨埵、益西旺波、祥·杰宁娘桑波、大臣桑希、译师嘉南迭瓦果喀、杰奇珠、婆罗门阿难等就藏地尚未流行的新立之佛教术语中有一些与经典内容和声明论的传规不符的情况，对必须要修改的术语都作了修改，并适当新创立了一些佛教术语。修改和新创立术语时，都是参照大小乘经典中所出现的术语和以往大善知识龙树与瓦斯本德等讲经时之术语及声明论的传规等。对一些难懂的术语从因理上作解释并写于论典正文中。对一些难以意译的梵文则作音译。可译的用意译表达并创立专用术语后，由藏王与高僧巴杰云登和登额郑（即娘·登郑桑布）等王臣会集在一起，审定佛经翻译之方法及梵文术语译成藏文的规则。”另外，在藏译佛经及其论典的卷首都有“梵语谓×××××”。梵文转写经典名称，其目的有四点：一是表明所译经论是从梵文原典翻译，其来源是纯正可信的；二是因三世诸佛皆是用梵语宣讲佛法，故用梵文原音念诵佛经名称更具殊胜的加持力；三是便于未来用梵文宣讲佛经而结下习气之因；四是如果正文全都是用梵文写成，则不但不能理解和讲说，就连拼读也是有困难的，故只转写经典名称为忆念译师们的恩德。因以上四种目的，故只将法品名用梵文写出。在梵藏文的法品名称之后都列有开译礼赞文，其意为译师翻译佛经时，首先要撰写开译礼赞文，此偈也称为国王敕令顶礼偈或三藏识别顶礼偈。早在前辈国王时，译师们都是向各自主修的本尊作祈祷而撰写开译顶礼偈。当时并无统一的规定。按照其后藏王赤热巴坚时期厘定的译经规则，为避免所译的三藏不相混同，撰写开译顶礼偈应与各自内容相符合。按此敕令，因律藏是详细讲述因果报应，是诸佛唯一之所行境，故其开译顶礼偈为“向遍知一切之尊者顶礼”；因经藏是佛陀与菩萨圣众以问答的形式所宣讲的，故其开译顶礼偈为“向一切佛菩萨顶礼”；因论藏是对蕴、界、处作详细分辨讲述甚深智慧之奥义，故其开译顶礼偈为“向圣者文殊童子顶礼”。藏译佛经都列梵文名称和开译顶礼偈及卷数等，此为藏译佛经独有之特点。

虽然藏文大藏经较完整地继承和宏扬了古印度显密佛语及其佛语密意解释之论典，但是也不能说是囊括无余地继承了印度的所有显密经论典籍，因为佛法未传入藏地以前，佛教在印度受到外道的几次破坏，有不少经论典籍被毁坏而失传。正如《印度佛教史》叙述正法三次遇敌的情况：“……特别是吉祥那烂陀寺的达摩犍者（法库），即收藏一切契经的伽蓝，勒那沙竭罗、勒那陀提、勒那兰荼迦三大殿堂中收集有大乘一切经函，这三处也遭焚毁……”又据《德格版·甘珠尔目录》中记载：《甘珠尔》的四部密续中瑜伽续和行续的法部数量较少，无上密续部中缺宝生部和羯磨部的密续，行续部中缺莲花部的密续。《藏文大藏经》能够较全面地继承和保存源于印度的佛教显密经论和其他学科的典籍，其主要有下列几个有利因素：

（一）从地理位置来讲：印度与西藏毗邻，路程不是很远，来往比较方便。

（二）从人的因素来讲：公元7世纪起，祖孙三代等历代藏王都很重视佛经翻译的伟业，先后派吞弥·桑布扎和巴阁·毗若遮那及仁钦桑布等藏族青年携带大量黄金前往印度与迦湿弥罗等地学习佛法，前往学习的藏族学子们至少在印度住了三年，多的长达二十余年。在学习佛经期间，为供养上师和日常开支花费了数万两黄金。学子们勤奋学习，成为博通显密的大善知识。他们完成学业后，都是背着梵文原典翻山越岭、历经艰险返回藏地。例如大译师巴阁·毗若遮那从印度返回时所背的行装中，除路途充饥的一小袋干粮外，梵文经典达三十多函。有些极为珍贵的深密法本是译师或论师们缝在衣领中，从印度等地带回藏地的。千百年来，经过很多代藏族学子在印度等地，不仅克服千辛万苦闻思修习显密教法，还将大量的梵文原文经典迎请到了藏地。后弘期，阿底峡尊者到桑耶寺白哈林藏经楼阅览经典时，见到很多以前他在印度时都未曾见过的珍贵梵文典籍而大为赞叹。特别是看到在印度都很难阅读到的很多空行密续时，阿底峡尊者感慨地说："藏地能有这么多珍贵的梵文典籍，是第二佛陀莲花生大士与静命大师等诸大德们的恩德。"藏地译师们在前往印度和尼泊尔等地学习佛经的同时，还迎请很多博通显密的论师到藏地，与藏地译师合作翻译佛经。按布顿大师著《佛教史大宝藏论》统计，从印度等地先后来到到藏地的论师有九十三位，参与译经的西藏译师多达一百九十多名。此外多数藏文经论是由精通佛学和梵文的印度论师与精通藏文的藏族译师两人或数人合作译出并审定，故有很高的可信性与准确性，这也是藏译佛经独特的长处。在汉译佛经方面，玄奘和鸠摩罗什等著名大译师都是乘愿再来的菩萨降世，这些大德所译的佛经译文精美而准确。除诸大德所译佛经外，汉译佛经中有部分是汉地译师或其他民族的译师一人所译，故所译经与精通梵文的印度论师和精通藏文的西藏译师合译的经典相比，还是有差别的。汉译佛经中的"薄伽梵"与"菩萨"、"涅槃"、"佛陀"、"比丘"、"布萨"、"毗奈耶"、"阿赖耶"、"补特伽罗"等不少名词都是梵文译音，而藏译佛经中这些名词多数都是意译，更容易理解。此外从梵文译成藏文的不少经论是后弘期重译修订的，其中有不少法部是经过数代译师们多次重译修订，这对提高藏译佛经的质量起到了很好的作用。例如就《甘珠尔·拉萨版》中《般若八千颂》的译本而言，经数代译师与论师重译修改审定达十余次，其译跋中写道："印度堪布释迦隋纳与坚南司都、大译师达摩达希拉等翻译并审定；其后遵照阿里王扎西拉德赞之令，由印度堪布苏罢克达与仁钦桑布译师根据《般若八千颂释》重译；其后印度堪布大班智达阿底峡尊者与仁钦桑布译师参阅中印度《般若八千颂释》梵文原典重译修订；其后于聂塘拉木切寺，阿底峡尊者与仲·甲威迥勒两位宣讲《般若八千颂》时，就扼要内容作抉择修订；其后于热振寺，由仲·甲威迥勒译师参阅三种梵文典籍两次抉择修订《般若八千颂》；其后该译师宣讲《般若八千颂》时圆满抉择修订其译本；其后大译师洛登西绕参考收集到的迦湿弥罗原本与中印度原本等几种梵文原典作抉择修订；其后于阳多香布（地名），阿里然降巴·班觉坚赞与根噶曲桑译师，参阅夏鲁译师·仁钦曲迥桑布曾经按印藏之多种梵藏典籍本修订的母本、两种梵文经典、其他诸藏文版本等作修改后刊印；其后以此印本作为母本，由班禅·罗桑益西主持，在扎西伦布寺刊刻了此部经典，释迦比丘·益西坚赞于扎西桑顶岭寺参阅上述版本时，发现阳多香布版本有不少错字，致使参照该版本而缮写或刊刻的一些经典仍有错字，为避免讹传，他参阅了多种《般若八千颂》古本，同时参照阿阇黎狮子贤所著的《般若八千颂广释》做了圆满的校对，并依照藏文语法对文句做了细致的修改。”

在藏传佛教前弘期之末，遭受藏王朗达玛灭佛之法难时，藏地在家修行的瑜伽士们为保护和继承显密佛法起了不可磨灭的作用。据《青史》记载：“朗达玛灭佛后，藏地的在家瑜伽修士们仍然信奉佛法，拉萨与桑耶等处之诸大寺庙未被破坏，在家和居山之着白衣瑜伽咒士们仍在各自依法修行，敬信佛法，并妥善保护藏王热巴坚以前所译的佛语经典及其论典函帙，使前译时期的多数佛语经典及其论典幸存，令我们现在得以受用。”在公元9世纪，藏王朗达玛灭佛时主要针对的是出家众，尚未能注意到广大在家修行的瑜伽行者们。加之朗达玛统治的时间不久，故很多在家修行的瑜伽士未遭受重大的灾难。他们保护和收藏了很多显密典籍，许多教法的传承与窍诀也是由他们继承下来的。因此可以说前译和后译时期之间在家修行的瑜伽士们为保护佛法，使佛法幸免于灭绝，起了重要的作用。

（三）从时间因素来讲：从公元 7 世纪佛教前弘期起，藏地就开始翻译佛经，公元 8 世纪至 9 世纪初是翻译佛经的兴盛时期，当时翻译的属于佛语部《甘珠尔》的显宗经典较多，例如戒律部、华严部、宝积部、般若部和经部等的多数经典以及不少密续典籍都是前弘期翻译的。在后弘期，涌现出人天眼目之仁钦桑布为首的很多优秀译师，他们和印度等地的论师们合作，翻译了大量的经典和论典。特别是公元 12 世纪末至 13 世纪期间，印度佛教受到外道严重破坏，显密大道场那烂陀寺和超岩寺等被毁，很多论师相继来藏，使显密经论与其他明处等论著较完整地传入藏地。此段时期所译的佛经称为新译或后译佛经。后译时期所译的佛经中，密续经论和佛学与其他学科的论典较多。前译时期所译显密经论中，有一部分是后译时期重译修订的。藏译佛经和编撰形成藏文大藏经的时间又相对晚于《巴利文大藏经》和《汉文大藏经》，故比较全面地收集和继承了显密经论和其他明处典籍。

（四）从文字因素来讲：由于藏文是参照梵文的十六个元音字母和三十四个辅音字母，其中减少了一部分复音，并结合藏语而改造的文字，故藏文比其他文种的译文，更为忠实原文（梵文），特别是藏译本所译咒音比其他文种译本更接近于梵文，故藏文译本比较容易还原成为梵文。当今在世界上，梵文原典所剩无几，然而大部分梵文原典已译成藏文，等于梵文原典活在《藏文大藏经》中。（从藏文大藏经译成其他文字的还有蒙古文大藏经。这是在公元 18 世纪时，遵照乾隆皇帝的旨令，由第三世章嘉·若必多吉活佛和提巴·洛桑尼玛喇嘛等主持下，将藏文大藏经《甘珠尔》译成蒙古文。又据《中国密教史》记载，公元 1744 年由章嘉呼图克图主持，将藏文大藏经之《丹珠尔》译成了蒙古文。)

《藏文大藏经》是藏地与印度、迦湿弥罗、尼泊尔及汉地等地区的数百名论师与译师以及数万名写经与刻经人员，经过千百年来艰苦不懈地努力，给人类留下的宝贵精神财富，是当今世界上内容较完整的大藏经，是最为珍贵的佛教文化宝库中一颗璀璨的如意宝珠。同样，汉文大藏经也是两千多年来数百名汉地与印度等地的译师、论师，以及数万名协助译经和写经及刻经人员的辛勤劳动的智慧精华，是中华民族至为珍贵的传统文化瑰宝（据悉巴利文三藏百分之九十多已译成了汉文）。今后可将藏汉两种文字的《大藏经》互相取长补短，将藏文大藏经中所缺的经典从汉文译成藏文，汉文大藏经中

藏文《大藏经》结构图案（一）

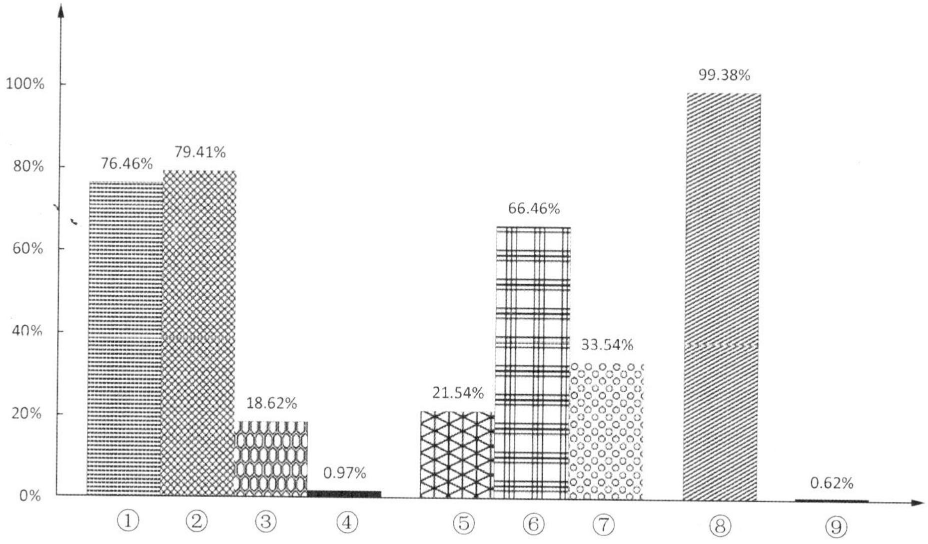

图案（一）之说明：①丹珠尔。②丹珠尔之金刚乘密续类。③丹珠尔之性相因乘及其它诸学科类。④丹珠尔之礼赞类。⑤甘珠尔。⑥甘珠尔之金刚乘密续类。⑦甘珠尔之性相因乘类。⑧藏文大藏经中从梵文、尼泊尔文、汉文等其它民族语种译成藏文的经典和论典类。⑨藏文大藏经中藏地学者所著论典类。

所缺部分亦可从藏文译成汉文。如果将《巴利文大藏经》中独有而藏文、汉文大藏经中没有的部分亦译成汉文和藏文，这样就可以说，世界上最完整的佛教显密经论典籍都在中国。

汉文《大藏经》结构图案（二）

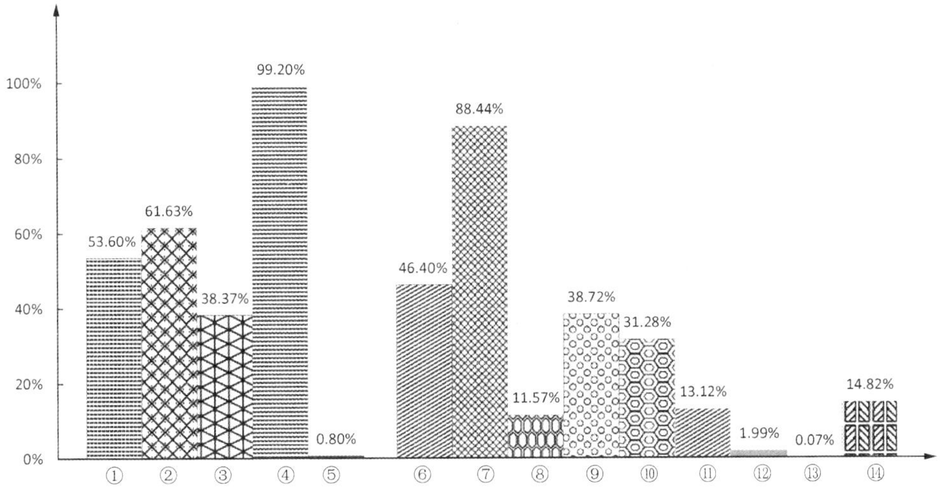

图案（二）之说明：①大藏经中之佛语部。②佛语部中之显宗经典类。③佛语部中之密续经典类。④佛语部中从梵文译成汉文的经典类。⑤佛语部中从藏文译成汉文的经典类。⑥大藏经中诠释佛语密意之论疏部。⑦论疏部中之显宗论典类。⑧论疏部中之密续论典类。⑨论疏部中之汉地高僧所著论典类。⑩论疏部中之日本高僧所著论典类。⑪论疏部中之佚作者姓名之论典类。⑫论疏部中之高丽高僧所著论典类。⑬论疏部中从藏文译成汉文的论典类。⑭论疏部中从梵文译成汉文的论典类。

能净三门不善习气垢，
佛陀教敕具八功德水，
善巧引入雪域利有情，
再忆法王译师论师恩。

具十法行如同金轮辐，
以此严饰教证圣法轮，
转于具缘众生心相续，
如是至尊佛教兴藏地。

释尊真谛教言及论典，
虽如虚空博大无比量，
然所译成藏文经论典，
以福德力成办刊印业。

所诠二谛教理圣玄义，
无有纰缪真实佛教敕，
以及善说论典聚宝库，
当今唯此《藏文大藏经》。

如能听闻滋润敬信苗，
思维内容丰富缘起藏，
实践修行获赐胜妙果，
宝典圆具初、中、后三善。

如同满月藏经之光明，
仅持支分亦能尽消除，
轮回煎熬炎热诸痛苦，
稍能实修受益难比量。

对于善于不善人生道，
如何抉择诚为大要事，
思维长远具智诸士夫，
应当勤阅深入经藏义。

（以上为此段内容结尾之偈颂）

第七章　未编入《藏文大藏经》之前译密续经典与论典

前译时期所译金刚乘的密续由藏传佛教最早的教派宁玛派继承，通称为前译宁玛派。此教派之传承又分远传佛语传规和近传伏藏传规及甚深净观传规等三种。此三种传规的典籍分别汇编成《前译宁玛密续集》和《大宝伏藏》及《前译佛语密续集》等三大部分。《前译宁玛密续集》中的多数密续是从公元8世纪起，由印度和迦湿弥罗等地的莲花生、毗玛拉弥扎、熙日森哈、桑吉桑瓦（佛密）、汉地大和尚摩诃衍那等数十位论师们与藏地的巴阁·毗若遮那、努钦·桑吉益西、朗克宁布、噶瓦·巴则、觉若·鲁伊坚赞、祥·益西德和玛·仁钦确等七十多位前译时期的论师和译师们，从梵文和邬坚文、迦湿弥罗文、汉文等文种翻译成藏文的。其中有不少属于三大约噶之大圆满等法类。在这些法类中，有些是后弘期的降曲沃和绒桑曲松等译师们翻译或重译修订的。《前译宁玛密续》中也有一小部分是宁玛派伏藏大师掘取的伏藏法类。到公元11世纪时，大宿·释迦迥勒开始把三大约噶的密续汇编在一起，称为《前译宁玛密续汇集》。其后相继有安达·卓贡拜（公元12世纪初）、索尔·桑布拜（公元14世纪）、大掘藏师然纳林巴（公元15世纪）、大译师贡然·辛彭多吉（公元17世纪）、敏珠林大掘藏师居麦多杰（公元17世纪末）、阿旺谢珠嘉措·呼图克图（公元18世纪）、仁增·居麦岭巴（公元18世纪）等都曾主持汇编和缮写《前译宁玛密续集》。除上述诸手抄本外，还有毗若、吉仲、昌扎、顶杰、噶妥、巴邦、竹庆等手抄本，以及贡觉·吉桑索鲁主持缮写的前译密续、措那首领·白玛登迥与多吉宁布两弟兄等主持缮写的前译密续、止贡·曲杰扎巴主持缮写的前译密续等历代大德主持缮写的多种前译密续手抄本。首次刊刻《前译宁玛密续集》是由德格土司夫人泽旺拉姆出资，于1794年开始刊刻印板，历时五年于1798年完成。此版本共计26函，共收编有《离戏大明义续》（莲花生译）、《大圆满摄集一切了义等同虚空本智续》（毗玛拉弥扎与弥底坚纳格底译）、《一切如来意密秘密本智要义忿怒金刚部普摄明觉经·成就瑜伽续大乘经》（智麦谢宁与觉若·鲁尹坚赞译）、《依总义抉择了悟秘密心要大密续幻化网——善说秘密主言教》（大译师曲白降措译）、《了悟秘密心要真实性》（莲花生译）、《语密续——月密明点》（莲花生与噶瓦巴则译）、《开启集聚一切善逝密续之钥匙》（莲花生与毗若遮那译）、《圆满汇集一切薄伽梵身口意秘密本智心要吉祥密集大密续》（莲花生译）、《吉祥黑色月密续》（莲花生与努·桑吉耶西译）、《秘密托付一切如来身密、语密、意密、功德、事业、怀业王马胜游戏大密续》（莲花生与娘·坚纳古玛然译）等426个密续法部。此套印板至今完好无损地收藏在德格印经院中，仍在印刷流通。

近传伏藏传承，往昔由莲花生大士与巴阁·毗若遮那、空行母益西措嘉等观到，有些无上甚深法门的弘扬因缘尚未成熟，暂不宜宣示，为利乐未来的具缘众生，莲花生大师特地将很多无上甚深法门封禁埋藏在雪山、岩窟、湖泊等处，交付给伏藏护法受命守护。其后从公元11世纪初起的数百年来，先后有桑结喇嘛、娘·尼玛俄热、古汝·曲杰旺修、仁增·果顶、仁增·吉麦岭巴、十三岭巴名号等一百多位大掘藏师随应机缘掘取多种无上甚深伏藏法门，并将这些深密法门缮写成伏藏典籍。后由贡珠·云丹嘉措大师将所有伏藏典籍汇编在一起称为《大宝伏藏集》。此无上深密的伏藏法门之传承源流近捷，极具殊胜加持力。伏藏法门之法类例如有东传伏藏，有曲嘉岭巴大掘藏师之《深密十法》等；北传伏藏有仁增果登之《大圆满普贤密意通彻》等；索甲大掘藏师之《摄集所有佛语》等等。

甚深净现传承系由殊胜本尊显现尊容给具缘弟子传授的不共深法窍诀。例如：五世达赖之《净现封禁密法二十五部》、降央钦则旺布的《成就者之意密精要》等。

远传佛语传承，即从法身普贤王如来起至根本上师之间的清净传承源流未曾中断，极具殊胜加持力之法门称为远传佛语传承之法类。此法类具有佛陀密意传承和持明标记传承及补特伽罗口耳传承等三种传承，其内容包括经、幻、心三部；经部之摄集经之密意续、幻部之大幻化网续、心部之母子十八续等为大圆满教法精粹。通称前语佛语密续为总纲，大宝伏藏为配饰庄严，将这两部密续结合在一起，即是最为深密和最为殊胜之大圆满教法。前译佛语密续内三部密续玛哈约噶部中，有《金刚萨埵幻化网续》等称为总续，身密、语密、意密、功德、事业续等称为支分续；教敕阿努约噶部中，有与九乘次第有关之《经部大汇集续》等。窍诀阿底约噶部又分三大类，其外类有《心部母子十八续》等，内类有《界部金刚桥密续》等，密类有《十七密续》与《界明炽盛红日密续》等十八密续，加上《密咒护法忿怒母密续》等共十九种密续。这些密续最初受教于年·坚兰古玛然、中间受教于努钦·桑吉益西，最后受教于大宿·释迦迥勒，其后的受教传承分别为小宿·西绕扎巴、卓浦巴·夏迦森格、绒桑曲桑、隆钦绕绛、绒敦·多吉白、噶·当巴德协、章敦·多吉坚赞、向巴崩、朗则·德钦噶尔旺细波岭巴、索舵巴·洛卓坚赞、贡然·洛钦·辛彭多吉、向达·扎西道杰、仁增·果杰顶赤、阿里·本钦、莫敦·多杰巴桑、逞德·西绕俄热、仁增·居麦岭巴、多智钦·居麦成烈俄热、居麦甲威滤古、敏林德钦·巨尔麦多吉、洛钦·达玛熙日、多扎·白玛成烈、白玉·根桑西绕、佐庆·白玛仁增、谢庆绕降·登必坚赞、巨尔麦泽旺确珠、甲色·辛彭塔耶、多钦则·益西多吉、巴珠·伍金居麦曲杰旺布、绛央钦则旺布、贡珠·云登嘉措、宁徐·龙多登必尼玛、居·弥旁朗甲嘉措、谢钦甲超、堪布·根巴、噶妥·司都、白玉·甲珠、谢钦·绕绛、多智·登必尼玛、堪布·阿旺巴桑等。这些持教大德皆是胸怀悲愿来到娑婆世界专作弘法利生之伟业，诸大德为继承弘扬佛教，尤其为了继承和弘扬经、幻、心三部之殊胜教法传承，作出了卓越的贡献。依靠诸大德之恩德，在雪域之卫藏地区有多吉扎寺和敏珠林寺及巴日寺，在康藏地区有噶妥寺和白玉寺、佐庆寺、谢庆寺等前译宁玛派的诸大道场，及其所属诸分寺都继承了大圆满经、幻、心三部为主的殊胜教法传规，各个寺庙都在宣讲和观修这一殊胜传规。

近代有敦珠·居斋益西多杰、绛央钦则·曲杰洛珠、迪戈钦则·扎西班觉、夏斋·桑吉多吉、敏林·赤钦、多智·图巴、珠旺·白诺、夏帝伍·楚细、达龙·则珠、白玉·达塘等博通显密、修证成就的大德们为佛法久住，特别是为了继承弘扬经、幻、心三部等大圆满教法，作出了不懈努力，使这一殊胜教法还弘扬到大洋彼岸的很多国家。还有当代实修了义大圆满法的大瑜伽士门色堪布与坚赞俄热堪布、昌格阿日仁波切、居麦彭措堪布、曲英巧德堪布、白玛泽旺堪布、喀勒·根桑让卓活佛、阿宗·珠巴活佛、阿迥·多登活佛、多吉扎·仁增钦波·朗卓嘉措活佛、土登尼玛活佛、松吉泽仁活佛、白玉土绒活佛、佐庆·白玛格桑活佛、玲珑寺益西德都活佛、益西俄热堪布等持教大德们为继承弘扬佛法，特别是为了继承弘扬经、幻、心三部等大圆满教法，抢救、整理有关典籍作出了很大贡献，现在他们仍在不懈努力地继承弘扬这一殊胜教法。

《前译佛语密续集》之内容主要是宣讲大圆满的经、幻、心三部，由正文和仪轨及注释三部分组成。正文中《普巴金刚续》、《八大法行续》、《摄集上师密意续》等近100部密续是前译时期由巴阁·毗若遮那和噶瓦·巴则、觉若·鲁伊坚赞、祥·益西德等诸大译师们与印度等外籍的论师们合作，从梵语和邬坚（今阿富汗）语等语种翻译成藏文的。仪轨和注释中有一部分是前译时期藏地大德们所著，其余部分是宁玛派一些大德高僧们所作有关密续的论著。

藏历第十一饶迥末（17世纪中期），敏珠林寺大伏藏师·居麦多吉与大译师·达摩室利昆仲为前译佛语密续之正本撰写注释并收集各种仪轨，开始进行前译佛语密续诸法部之汇编工作。19世纪中叶，嘉赛·辛彭塔耶（1800—1855年）收集多种前译佛语密续之仪轨与法事类的经典，在他的主持下，于藏历第十四饶迥铁鼠年（1840年）三月二十日开始刊刻《前译佛语密续集》印板，经过6年的努力，于藏历第十四饶迥木蛇年（1845年）完成，共9函，是历史上首次刊刻的《前译佛语密续集》，此印本在布达拉宫仅收藏有一套。其后由甲珠·白玛多阿登真（1830—1892年）在原有9函的基础上，收集有关《前译佛语密续集》九乘之密续正文与法事仪轨等，在白玉朗甲向秋岭寺刊刻印板，共计 25 函，此乃第二次汇编《前译佛语密续集》。当今在新龙县迥孔寺仅收藏有此印本 18 函。20 世纪时，由敦珠法王·居则益西多杰（1904—1987 年）主持收集经幻心之论述为主之多种显密本文与窍诀及修法、仪轨、法事等诸典籍，分编为前译佛语密续集之本文部与论疏部两大部分，刊刻印板共计 58 函，此乃第三次汇编刊刻《前译佛语密续集》。1987 年，遵照堪布门色仁波且·图登·次成嘉措之谆嘱，康藏新龙县向觉寺迦造堪布发心承诺整理与增编《前译佛语密续集》，他与同事噶玛德勒堪布一起开始收集散失在民间的以往未编入《前译佛语密续》的珍贵手抄本原稿。在收集手抄本原稿时遇到很多困难，噶妥寺降央坚赞大堪布高度重视此项工作并大力帮助，使第一步收集手抄本原稿的工作得以顺利完成。从 1995 年起迦造堪布主持开始将《前译佛语密续集》的法部输入电脑，到目前为止，已完成《前译佛语密续集》所有法部（共 133 函）输入电脑的工作，先后邀请了数十位堪布对新输入的《前译佛语密续集》全文进行了 6 次校对和审定。从收集手抄本和整理原稿到输入电脑、校对、审稿等方面总共支出人民币 100 多万元。在著名学者土登尼玛活佛的关心与帮助下，将《前译佛语密续集》（全套 133 函）的胶片交四川民族出版社，现已正式出版。20 世纪 90 年代中期，热心与继承宏扬藏族传统文化的噶妥寺降央坚赞大堪布与类乌齐青年学者噶玛德列堪布，各印了《前译佛语密续集》（120 函）100 套，发行到藏区各地。1992 年甘孜州白玉寺土绒活佛开始主持刊刻《前译佛语密续集》木刻印板。据土绒活佛说：在 120 函胶印版的基础上增补了一些新收集到的法部，现已完成 144 函，尚有 3 函正在刊刻，此版本全部完成后共计 147 函。此《前译宁玛密续集》的内容包括《佛平等和合根本续》（印度论师佛密与藏地译师卓弥·白杰益西译）与《呬鲁噶意密续》（莲花生大师与朗喀宁布比丘译）及《佛密所著道次第广论》（娘·坚那古玛然译）、《摘自经藏之如来部所有药师佛法事仪轨之本文——七如来各别广品陀罗尼念诵仪轨》（静命大师著）、《金刚摧破陀罗尼讲解——金刚灯炬》（莲花生大师著）、《文殊幻化网疏——显明要义灯炬》（毗玛拉弥扎著）、《吉祥大呬鲁噶修法——真实成就密释》（莲花生大师著）、《大圆满珍珠鬘显明》（毗玛拉弥扎著）、《文殊真实名经释——珍宝日月炽燃明灯》（莲花生大师著）、《大圆满九界论》（巴阁·毗若遮那译）、《大圆满普贤六界释》（毗玛拉弥扎著）、《禅定慧眼灯炬》（努钦·桑吉耶西著）、《根本续秘密心要释》（莲花生大师著）、《大圆满珍珠鬘释等四部密续释》（毗玛拉弥扎著）、《文殊根本续》（莲花生大师与噶、觉、祥三大译师翻译、大译师巴阁·毗若遮那校定）、《无垢忏悔续》（印度堪布毗玛拉弥扎与藏地译师娘·坚那古玛然译）、《普作王续之第三章》（印度堪布吉祥森格贡波与比丘巴阁·毗若遮那译）《金刚密乘窍诀道次——珍宝庄严》（阿阇黎佛密著）、《忿怒真实灯炬》（毗玛拉弥扎著）、《见地次第论》（噶瓦巴则著）、《密宗次第释——宝鬘》（莲花生大师著）、《摄集诸佛密意经释难——瑜伽杲日》等浩如烟海之显密文本与窍诀及修法、羯磨支分等佛语本文类，以及印藏很多博学大成就者们所著诠释密续要义与窍诀等论著类，共两大类，共计782部。

在《甘珠尔》诸版本中，只编有三函《前译宁玛密续》，其中有《一切法大圆满菩提心普作王续》和《金刚萨埵幻化网一切秘密明镜续》、《秘密心要续》等计25个法部。除这三函《宁玛密续》外，《前译宁玛密续集》和《前译佛语密续集》中的大多数法部未编入《藏文大藏经》中。根据史料考证，笔者认为未编入有如下几点因素：1. 在前弘期，对密续法类的管理是十分严密的，特别是属于无上瑜伽部三大约噶中之阿底约噶法类是极为珍贵的即身成就的甚深大圆满法，这些殊胜法门只适合少数利根者修学，故未进行厘定译语和编入三大目录之中，也未公开广传，故除前译密续之少数法品外，多数法品均未编入大藏经中。2. 据史书记载：14 世纪初，那塘寺大学者觉登·热比绕智整理《甘珠尔》那塘写本时，最初发现了《秘密心要续》等前译宁玛密续的梵文原典和其译本，可以推测当时觉登·热比绕智仅将收集到手中的《前译宁玛密续》之法部编在了《甘珠尔》中。其余《前译宁玛密续》的法部，可能当时未收集到，故未能编入《甘珠尔》和《丹珠尔》中。3. 觉登·热比绕智之后，14 世纪，布顿大师在审核显密译典和编写《甘珠尔》与《丹珠尔》目录时，也将三函《前译宁玛密续》的法部编在了《甘珠尔》中。此外，还有《前译宁玛密续》和《前译佛语密续集》中的很多译典未编入《甘珠尔》和《丹珠尔》中，这也是有原因的：布顿大师是一位治学严谨、博通显密的大论师和大译师，当时他在审核和判定显密译典时，仅仅是以收集到手的有译典原稿（梵文原典）的藏译经论作为标准而编入大藏经的。可以推测，当时藏地由于对密续的保密和交通不便、信息不畅通等诸多因素，除上述三函前译宁玛密续的法部外，其余的前译宁玛密续与前译佛语密续的法部当时可能未收集到布顿大师手中，故未编入大藏经。即使有些法部的译典到了布顿大师手中，但译典原稿（梵文原典）未到手中，故未编入大藏经。在前译宁玛密续与前译佛语密续中，除多数法部是从梵文译成藏文的，还有一部分法部是从邬坚文和汉文等文种译成藏文的，故这部分译典也未编入大藏经。布顿大师之后主持缮写或刊刻藏文大藏经的学者们，都是以布顿大师所编的大藏经目录为准绳而汇编的，因此，即使他们收集到了前译宁玛密续三函外的密续法品,但他们都是遵照布顿大师所编的大藏经目录,故可能未将这些法品编入大藏经中。

如同上述，除前译时期所译的《前译宁玛密续集》和《前译佛语密续集》中的多数佛语密续及其论典未编入藏文大藏经，还有宁玛、噶当、萨迦、噶举、觉囊、希解和格鲁派等藏传佛教各教派如同群星璀璨的历代大德所著的有关解释佛语密意之论典和传记等不计其数。其中除极少数法部外，多数均未编入《甘珠尔》和《丹珠尔》中。例如，在藏传佛教各教派中，有文集的高僧大德近千名，其中著述最多的是珀东班钦·确列朗甲（1375—1451 年），他的著述达140 多函。此外，文集有数十函的高僧大德也有百余名。如将上述这些文集中有关解释《甘珠尔》和《丹珠尔》的论著编入藏文《大藏经》中，那么藏文《大藏经》的经论数量将会增加很多倍，而成为当今世界上无与伦比的摄集佛教及其他诸学科的博大丛书，堪称享誉于五湖四海的“藏传佛教文化宝库”。

但以立断超越胜捷道，
顿时升登本净光明地，
具德前译传规宁玛派，
唯乃雪域如来佛教源。

本自寂静原始周遍境，
恒常不动本智法身界，
赤裸直指普贤密意义，
大圆满法稀有超言思。

无可言思法界体性境，
无变清净离障究竟义，
无可表示具备妙性相，
无上密意经幻心之义。

仅能闻受如上一句诀，
即能彻底断除轮回根，
若能全面闻思此法门，
福德等齐虚空难比量。

南传三藏多数已译汉，
汉传藏经多摄汉论典，
藏地论典多如繁星灿，
然未入藏此为藏经殊。

三千世界所有珍宝聚，
亦难比拟善说经论殊，
如同无比须弥甚庄严，
堪能禀承圣宝诚稀有！

无余消除浊世诸衰损，
和平利他安乐总根源，
显密圆融如同日月辉，
藏传佛典堪称稀世珍。

（以上为此段内容结尾之偈颂）

附录　有关苯教大藏经

在雪域藏地，不仅有内容浩如烟海的佛教藏文大藏经，还有多达数百部函、内容博大精深的雍仲苯教藏文大藏经。苯教大藏经亦由《甘珠尔》和《丹尔珠尔》两大部分组成。《甘珠尔》的内容是：苯教祖师敦巴·辛饶亲口所讲的教言、加持教言，以及开许教言等三种分类；九乘次第分类；四门五库分类；内、外、密教言分类；四部类（即教言圆满之经部和广大清净之十万般若部、深道密咒之续部、无上心要之宝库部等）等不同的目录编排方式，共有十三种分类法。在乘门的分类方面又有：宣讲恰辛乘、郎辛乘、斯辛乘和楚辛乘等对世间所有鬼神作供祭和对魔障作施食、回遮等济世法事教义的，称为四种因乘；居士乘和仙人乘、阿尔噶降魔乘、耶辛（行持）乘等四种果乘；特殊一乘即无上乘。以上称为苯教九种乘门，此九乘中摄集了苯教的一切教理，即其教理之根本也。恰辛乘有三百六十种禳拔法和八万四千种观察法。郎辛乘有四吟修和八祈祷法、四十二种酬神法。楚辛乘有正见清净灵异之论典。斯辛乘有三百六十种超荐亡灵法和四种丧葬法、八十一种镇邪法。居士乘有

《情器起现圆满经》等。仙人乘有《四部十万颂经》等。阿尔噶降魔乘有多种续部教敕。耶辛乘有四部心传。特殊乘有五部窍诀法等。

宣示苯教见地的典籍有《圆满珍宝金鬘论》和《本释风刃论》、《窍诀光明轮》等。观修的典籍有《蕴自转变明点九类论》和《黄金明点论》、《身心觉受论》及《直指传心白书》等。行持的典籍有《八界抉择十万颂》和《耶辛庄严要义十万颂》及《雍中十地道位十万颂》、《清净律仪十万颂》、《增善资粮圆满十万颂》等。此等称为因乘或黑苯教派。生圆次第果位类的典籍有《总积苯藏》和《威猛九聚父续》及《九日照耀母续》、《无边大汇忿怒续》等。此等称为果乘苯或密咒白苯派。苯教的《甘珠尔》除上述这些典籍为主外，还有历史、医学、星算、工巧、占卜等内容丰富的各种学科的经籍。

苯教《丹尔珠尔》是古代象雄等藏地的苯教学者们诠释祖师敦巴·辛饶言教为主的论著，其内容包括苯教的显密教理与仪轨、历史及文学、医学、工巧学、逻辑学、天文学、地理学、音韵学等。其中多数是用藏文写的论著，从象雄文翻译成藏文的论著极少。苯教《丹尔珠尔》之所以称为《丹尔珠尔》，是根据敦巴·辛饶的教言而产生的，故得名（藏语之“丹尔”是根据之义）。在漫长的历史长河中，编辑苯教大藏经的学者们把历代苯教的大学者和大成就者的著作陆续编入苯教大藏经中，这样就形成了学者们对苯教大藏经的内容分类和函部数量各种不同的说法。

公元18世纪中期，苯教大学者和大成就者第一世仁增·根卓扎巴活佛（又名贡噶嘉村宁布）在收集和整理及雕刻苯教《甘珠尔》木刻版时，在其施主、第四十二代金川绕登土司·多吉嘉的大力资助下，组织人员开始雕刻苯教《甘珠尔》，经过十多年的努力，至第四十三代金川绕登土司·朗喀嘉（多吉嘉之侄）在位期间完成了苯教《甘珠尔》的雕刻工作，是苯教历史上第一部苯教《甘珠尔》木刻版，藏语称为《曲钦版·苯教甘珠尔》。因为其木版的易损边沿镶有紫铜边，此版本亦称为紫铜版本。公元1751年仁增·根卓扎巴还为此版本编撰了目录，书名为《雍中苯教甘珠尔目录——十万日光》，该书的内容编排严谨而完整，是苯教大藏经史上第一部较完整的《甘珠尔》目录。在此目录中，编撰者将敦巴·辛饶的教言《甘珠尔》分为四类：第一经藏类55函，第二般若类108函，第三密续类88函，第四心部类30函，共计281函。后来在乾隆年间金川地区发生了长达十多年的清军攻打金川土司的大小金川战役，在战乱中，《甘珠尔》木刻经板遭到严重的破坏。其后绰斯甲土司·贡嘎彭措将残存的木刻经板运到土司府加以保护，并请第一世仁增根卓扎巴活佛主持补充雕刻了被破坏的《甘珠尔》木刻经板，并在原有的版本基础上增加了一些新的内容。此木刻经板称为绰斯甲版，遗憾的是此木刻经板也在战争中被清军烧毁。以上两种版本都未能印刷很多，故至今流传在世的印本极为稀少。此后苯教大藏经都主要靠手写本流通传世。

19世纪初，后藏敏日寺尼玛登真堪布撰写了《雍中苯教大藏经分类简目——苯教盛莲丽日》一书，该目录中敦巴·辛饶的教言即《甘珠尔》有113函；解释其密意的论著即《丹尔珠尔》有293函，共计406函。其编写顺序与仁增根卓编写的顺序略有不同。还有一位名叫西绕拜桑的苯教博学者撰写了名为《藏经书目——除暗明灯》的苯教大藏经书目，是一部极具特色的书目。他将安多敏卓寺收藏的苯教典籍分成经部与般若部及陀罗尼部、心部等四大类，并给四十多函典籍标明了法部书名。此外近代苯教高僧夏尔扎·扎西坚赞一生勤于讲经和答辩及著书立说的事业，同时尽力收集整理苯教典籍，根据其大弟子则敦·噶桑登必坚赞统计的典籍书目来看，其书目中属于敦巴·辛饶教言之经部的有50函，般若部有62函，密咒部有11函，心部有4函，共计127函。教言的解释论著类即《丹尔珠尔》还有很多种不同的分类法。

19世纪末，康区著名的苯教新藏派大师桑阿林巴赴卫藏那曲地区弘法时，与霍尔三十九族分支部落噶加家族建立了亲密的施供关系。该家族出巨资组织人力，花了十多年的时间抄写了一套苯教《甘珠尔》献给桑阿林巴大师，大师返回时将这套经书带到他驻锡的新龙瓦琼寺中供奉，后来通称为《瓦琼寺·甘珠尔》。经过数百年的风风雨雨，在整个雪域藏地，仅幸存瓦琼寺中供奉的这套苯教《甘珠尔》是较完整的。20世纪80年代初，十世班禅大师视察甘孜州时，曾责令有关部门妥善保护和尽快出版这套唯一幸存的苯教《甘珠尔》，时任甘孜州政协副主席、新龙县益西寺的阿拥活佛承担起了抢救复制这套珍贵孤本的重任。20世纪80年代末，在甘孜州政协和四川省民委民族研究所的支持及著名学者土登尼玛活佛的大力协助下，阿拥活佛四处筹集资金，最初从瓦琼寺借出《甘珠尔》手抄本中40函显宗典籍和62函密宗典籍共102函的原稿，展开了《甘珠尔》的胶印复制工作。印完上述102函显密典籍后，由于种种原因，其余的密宗部与心部的部分原稿是从昌都、德格、新龙和松潘等苯教寺庙和个人零散的藏书中借来作为母本印刷的。此套胶印本《甘珠尔》显宗部有63函、般若部有67函、密宗部20函、心宗部七函，共计157函。在阿拥活佛的主持下，经过四年多的努力，完成了《甘珠尔》复制130套的计划，使这套稀世古籍第一次较广泛地得以面世，阿拥活佛为抢救和继承宏扬苯教大藏经作出了巨大的贡献。此《甘珠尔》印本可称为阿拥版印本。由于当时印刷此套典籍时资金有限等种种原因，只印刷了130套。该套书很快售完，未能完全满足国内外研究单位和图书馆及苯教寺院的要求。鉴于此原因，20世纪90年代初，四川省阿坝县多丹寺温伦·南喀丹增活佛在阿拥胶印版《甘珠尔》的基础上又增补了近40函典籍，共有192函，在阿坝州理县印刷厂印了300套，也可称为《温伦版·甘珠尔》。印刷此温伦版也为抢救和继承宏扬苯教《甘珠尔》作出了重大的贡献。但是上述阿拥版与温伦版都未能完整地继承瓦琼《甘珠尔》手抄本的所有部函。而且由于《瓦琼寺·甘珠尔》手抄本年代久远，加上多次藏匿等原因，使这套珍贵古籍受到一定程度的破坏。鉴于上述诸原因，甘孜州新龙县人大副主任满金拉色活佛把瓦琼寺收藏的整套《甘珠尔》手抄本借出，组织了十多人对此珍贵孤本逐函逐页进行整理，对文字不清晰的页面逐字逐句精心填写，并增补了新收集到的一些法品。经过六年多的努力，于1998年完成了将此套珍贵古籍复制1600套的工作。此套写本内容分为四个部分：显宗部74函，是苯教的基本教理；般若部70函，是苯教的智度理论；密咒部26函，是苯教的密宗教理及修持仪轨；心部8函，是苯教的大圆满理论与修炼方法。此套《甘珠尔》共178函，连同苯教《甘珠尔》的传承史一函，总共179函。此印刷本通称为《拉色版·甘珠尔》。

关于苯教的《丹尔珠尔》这一名称，虽然有几百年的历史，但是在20世纪90年代之前，尚未有系统与完整的《丹尔珠尔》写本或印刷本，仅有一些不完整的手抄本传世。1990年，西藏那曲聂绒县诺尔林寺的住持珠旺·旦比尼玛活佛，开始在三大藏区收集散失在民间的苯教《丹尔珠尔》典籍，在辛赛·诺布旺杰与雍忠嘉瓦、丹增旺扎、噶尔旺南杰、阿拥、次成绕杰等苯教活佛与堪布们的大力协助下，经过两年多的努力，收集到属于《丹尔珠尔》的手抄本共三百多函。旦比尼玛活佛发心整理、出版收集到的《丹尔珠尔》。对此西藏自治区政府十分重视，于1993年批准印刷《丹尔珠尔》，并拨款五十万元，给予大力支持。经过近五年的努力，于1999年完成了藏族历史上第一部苯教《丹珠尔》的印刷出版工作。其内容包括宗教、历史、文学、天文、星算、地理、医学、传记、气功、工巧、韵律等多种学科。此次出版的《丹尔珠尔》中绝大多数是第一次公开流通的手抄孤本，堪称继承宏扬藏族传统文化的巨大贡献。

如同上述，共计五百多函的苯教《甘珠尔》与《丹尔珠尔》，包含了雍仲苯教之显密教理与仪轨等为主的经典及历史、文学、因明学、医学、工巧明、星算、地理、韵律、占卜等内容，即苯教始祖敦巴·辛饶宣讲的教言与历代苯教大德们解释敦巴·辛饶教言密意的诸论典，是雪域藏地所诠释意义广博、摄集多种学科、内容极为丰富的知识载体，也是研究藏地原始宗教和文化习俗的宝贵资料，是藏族先民留下的闪耀着智慧光芒的传统文化之璀璨明珠。

岗底雪山严饰高原域，
圣地诞生敦巴辛饶师，
尊之教言内外密三种，
苯教乃是雪域文化祖。

藏地最早原始宗教派，
白帽雍仲苯波教言规，
浩如烟海传承未间断，
源远流长历经世沧桑。

诠释辛饶显密教言义，
三百余函论著圣宝库，
汇集百科知识智精华，
雪域本土文化之核心。

佛苯新旧密宗觉囊等，
教派各异犹如百川流，
汇入法界大海一味故，
彼此偏见排斥有何益？

往昔天竺佛法之丽苑，
各种宗派百花争斗艳，
如今雪域宗派林立中，
佛苯狮虎和睦何不可！

（以上为此段内容结尾之偈颂）

后记与愿词

如《入菩萨行论》中云：“祈愿除苦胜良药，诸安乐源圣佛教，利养恭敬作承侍，长久不衰恒住世。”能彻底消除一切有情苦恼疾病之良药、生起人天善趣于究竟解脱之诸安乐善妙之唯一源泉，乃是如来教法也。此殊胜教法乃由对于无有时空与方所之分别，等齐虚空之一切众生，尤为具备无缘大悲博爱之无二本师释迦牟尼佛随顺时机而启动尊口，以梵音宣讲如虚空藏之无量法门，其中之一部分，依仗于菩萨化现应世之诸法王与译师、论师之恩德，所有译成藏文经论及刊印流布之情况为主题而撰写了《琉璃明镜——藏文大藏经之源流、特点、版本、对勘出版》一书。此书之缘起，遵照中央书记处、中央统战部的指示，由中国藏学研究中心直接领导，1987 年 5 月在成都建立了中国藏学研究中心大藏经对勘局伊始，我们就有幸参与到此项浩瀚而伟大的佛教及民族传统文化工程中，为此我们深感此乃千载难逢之积集福慧资粮的善缘，同时萌发了撰写介绍举世闻名的佛教文化宝库——《藏文大藏经》一书之心愿。在长达二十多年的大藏经勘对工作的同时，我们利用业余时间参阅了历史上幸存的《甘珠尔》和《丹珠尔》写本、刻本以及石刻等有关大藏经的各种资料（这些珍贵资料都是从国外与国内三大藏区收集而来）。从2003年起我们开始用藏汉两种文字撰写此书，在这里特别需要说明：我们将极为珍贵的历史资料大明永乐皇帝所著《大明皇帝御制藏经赞》与大清康熙皇帝所著《御制番藏经序》和硕裕亲王等大臣呈献的《请经序》与《复请经序》以及《大清乾隆皇帝所著御制楞严经序》等视为极珍贵翔实的历史资料并全文列入本书中。

近七年来，在繁忙的大藏经勘对工作的同时，经过我们不懈努力，现虽基本上完成了此书的撰写工作，但是在写作过程中，由于藏文大藏经的参考资料不多，加之我们对这方面的见闻甚少，智慧低劣，学识浅薄，写作经验不足，仅仅是利用业余时间撰写等因素，如若介绍内容浩如烟海、教理博大精深的藏文大藏经是很难做到全面准确的，也难免有很多错误和不足。

我们双手合十，至诚恳请国内外藏学家以及对藏文大藏经深有研究的有识之士予以谅解，对于本书中的错缪之处不吝提出宝贵意见。愿此拙著成为引玉之砖，通过我们共同努力，今后将会有完整而高水平的有关藏文大藏经的论著面世！

弥勒、文殊、观音、势至、普贤等诸菩萨众，
帝释、梵天、遍入、自在、欲天、日月、非天等，
诸尊天幔顶髻如同盛大花丛齐皈向，
至诚顶礼供赞宛如杲日释迦牟尼佛。

尊之加持如摄千月照亮语密甘露海，
潴聚金地般之发心如风宏愿启动故，

妙法珍宝浪涛从于八万四千渠道中，
引进滋润如同林苑三有众生登乐土。

具大智慧诸论师与译师众，
精进修学通达显密诸教法，
利乐之源经典如同虚空云，
迎至雪域藏地恩德难比拟。

佛陀语密藏经如同宝月炬，
从一而生万千刊印之史话，
无有混杂叙述《琉璃明镜》书，
思为具缘努力撰写此著述。

此仅藏经粗略介绍并非深广玄理论，
是为依诸正典所撰并非文句游戏论，
乃是提供宝贵资料并非虚妄之劣作，
即为能使上师欢喜并非讨好他人谄。

愿此撰写福德之良种，
依于缘起不虚暖滋育，
于此暇满珍宝人身具，
获享永恒安乐如意果。

出自笔者诚心乳海之，
如同弦月未圆之新作，

若有错漏违意之阴缺，
诸位智者尊前作忏悔！

愿此善功如同皎月光，
溶入摩诃菩萨行海中，
蒙受痛苦炎熬诸众生，
受用解脱安乐圣甘露。

祈愿世界屋脊之圣地，
雪域胜俗两种善传规，
历劫不衰恒常得兴盛，
众生受用圆满安乐祥。

尤其降赐法施珍宝雨，
无与伦比藏经对勘局，
历经奋斗完成伟事业，
愿此利众善业永兴盛。

总愿政教日月照四洲，
如金山屹大德长住世，
法财解脱妙欲如海聚，
绚丽瑞花盛开遍十方。

2010 年 4 月 8 日作者谨述

参考书目

1.《德格版·甘珠尔目录》(大司徒·丹必宁谢著,藏文木刻印刷本)

2.《德格版·丹珠尔目录》(楚逞·仁钦著,藏文木刻印刷本)

3.《布顿佛教史》(藏文版,布顿·仁钦朱著,中国藏学出版社出版)

4.《印度佛教史》(藏义版,多罗纳塔著,四川民族出版社出版)

5.《汉区佛教源流记》(藏文版,贡布嘉著,四川民族出版社出版)

6.《莲花遗教》(藏文版,邬金领巴掘取伏藏,四川民族出版社出版)

7.《青史》(藏文版,郭·循努白著,四川民族出版社出版)

8.《土观·宗教源流史》(藏文版,土观·洛桑却吉尼玛著,甘肃民族出版社出版)

9.《宁玛续部目录明镜》(藏文版,土登曲达编著,民族出版社出版)

10.《显密文库》(藏文版,隆钦阙英·朵登多吉著,四川民族出版

社出版）

11.《龙钦教史》（藏文版，龙钦巴著，西藏藏文古籍出版社出版）

12.《杜钧教史》（藏文版，杜钧益西多吉著，四川民族出版社出版）

13.《知识总汇》（藏文版，工珠·元丹嘉措著，民族出版社出版）

14.《政教合一》（藏文版，东噶·洛桑赤列著，民族出版社出版）

15.《丹珠尔目录——如意宝鬘》（藏文木刻印刷本，根钦·吉麦旺布著）

16.《密续普集》（藏文木刻印刷本，德格版）

17.《娘氏宗教源流》（藏文版，娘·尼玛韦色著，西藏人民出版社出版）

18.《藏族翻译史及历代译师传略明鉴》（藏文版，次仁旺堆与赤烈加措等著，民族出版社出版）

19.《西藏文化概论》（藏文版，夏玉·平措次仁著，西藏人民出版社出版）

20.《苯教大藏经的形成及其发展》（才让太著，《西藏研究》2005年增刊版）

21.《中国密教史》（汉文版，吕建福著，中国社会科学出版社出版）

22.《德格版·西藏大藏经总目录》（金仓圆照与多田等观、宇井伯寿、铃木宗忠等合编，华宇出版社出版）

23.《印藏佛教史》（刘立千著，民族出版社出版）

24.《大正新修大藏经目录》http://www.fofaseng.cn/baoku/books/dzjjh.htm 大正藏目录与各经下载

25.《汉藏大藏经目录异同研究》（黄明信著，中国藏学出版社出版）

སངས་རྒྱས་ཀྱི་ཚེམས་གདུང་རིང་བསྲེལ་མཆོད་རྟེན།

佛牙舍利宝塔

图书在版编目(CIP)数据

琉璃明镜:藏文大藏经之源流、特点、版本及对勘出版/布楚,尖仁色著.—北京:中国藏学出版社,2012.5
ISBN 978-7-80253-512-1

Ⅰ.①琉...　Ⅱ.①布...　②尖...　Ⅲ.①大藏经-研究　Ⅳ.①B941

中国版本图书馆 CIP 数据核字(2010)第 105435 号

琉璃明镜:藏文大藏经之源流、特点、版本及对勘出版

布楚　尖仁色著

出版发行　中国藏学出版社
印　　刷　北京牛山世兴印刷厂
开　　本　787×1092 毫米　1/16
印　　张　14
印　　数　2000 册
字　　数　165 千
印　　次　2012 年 6 月第 1 版第 1 次印刷
书　　号　ISBN 978-7-80253-512-1/B·139
定　　价　28.00 元

图书若有质量问题,请与本社联系

E-mail:dfhw64892902@126.com　电话:010-64892902